spielberg

Ellen Kühne

Von der Raupe zum Schmetterling

oder

Der Weg zu sich

spielberg

1. Auflage 2015

Covergestaltung: Spielberg Verlag
Coverkonzept: Iryna Khablo - *www.irynakhablo-photography.com*
Illustrationen/Cover & Innenteil: okalinichenko © fotolia.com
Druck und Bindung: Inprint GmbH, Erlangen

Printed in Germany

ISBN: 978-3-95452-689-5

www.spielberg-verlag.de

Ellen Kühne (Ps) wurde 1981 in einem kleinen Ort des nördlichen Kasachstan geboren. Mit 15 Jahren siedelte sie mit ihrem Vater und ihrer jüngeren Schwester nach Deutschland um. Trotz einer intensiven und abhärtenden Lebensschule schaute Ellen sehr optimistisch nach vorn. Heute ist sie vierfache Mutter und Glückstrainerin, die davon überzeugt ist, dass Glück - Geburtsrecht eines jeden Menschen ist. Es ist nie zu spät sich daran zu erinnern, um das eigene Leben damit zu bereichern. Ihre Erfahrung, wie man sich selbst aus dem Sumpf der Unzufriedenheit und des Unglücks befreit, erzählt uns die Autorin in ihrem Ratgeber ›Von der Raupe zum Schmetterling oder der Weg zu sich‹, der unter anderem als Anleitung dienen kann.
Besuchen kann man Ellen Kühne im Internet unter:

www.lebensberatung-ellenkuehne.com.

Lesermeinungen

Das Buch wurde von mir zunächst wegen der Kürze des Inhalts gewählt, schließlich habe ich keine Zeit.
Jedoch, nachdem ich die ersten Zeilen anfing zu lesen, war ich vom Schreibstil der Autorin fasziniert. Sie wählt einfache, klare und direkte Worte in einer Zeit, wo Einfachheit und Klarheit nicht sehr gross geschrieben wird. Ich konnte mich sofort mit ihrer Geschichte und ihren Gefühlen identifizieren. Ich las einige Seiten und verlor mich in meiner Vergangenheit. Viele Momente der Tränen und des Nachdenkens folgten. Die Autorin hat mich aber nie allein gelassen. Ich hatte nun alle Zeit der Welt und bin heute bewusster denn je. DANKE!

Katja aus Fürth

Ein wunderschönes, hilfreiches Büchlein, dass mir durch eine schwere Zeit geholfen hat und zu meinem ständigen Begleiter geworden ist. Es ist anschaulich geschrieben und die Beispiele mitten aus dem Leben, lassen uns immer wieder Parallelen zum eigenen Leben entdecken. Mit Hilfe der sehr gut beschriebenen Übungen bekommt man einen ganz anderen Ausblick auf das Leben. Mein Leben hat sich äußert positiv verändert und ich bin glücklich, dass sich dieses Büchlein auf Umwegen zu mir gefunden hat. Herzlichen Dank!

Ellen aus Bonn

Wie schafft man die Kurve, wenn man an der Kreuzung des Lebens ankommt, wo es um alles oder nichts geht. Fast schon eine Anleitung nach eigener Erfahrung, die die Autorin offenbart. Manche Erfahrungen müssen der Welt mitgeteilt werden, denn für viele Leser könnten die Zeilen zu der wichtigsten Erkenntnis des Lebens führen. Vielen Dank dafür!

Marina aus Bremen

Inhaltsverzeichnis

Prolog

Ein Schüler kam zum Meister. »Ach Herr«, stöhnte er, »um Euren Lehren zu folgen, ist so viel Veränderung nötig. Das ist mir alles viel zu anstrengend. Ich glaube, ich werde das Studium hier beenden.« Da schaute der Alte mit einem traurigen Blick auf seinen Schüler. »Kennst du die Geschichte von der Raupe?« fragte er. Der Schüler verneinte. »Es war einmal eine Raupe, die das Gefühl hatte, dass die Metamorphose zum Schmetterling zu anstrengend sei. Also beschloss sie, Raupe zu bleiben. Und während sie mühsam und langsam durchs Leben kroch, schaute sie immer mal wieder hinauf zu all den Schmetterlingen, die im Sommerwind von Blume zu Blume tanzten ...«, erzählte der Meister die Geschichte. »Und nun überleg wohl, ob der scheinbar einfachere Weg auch tatsächlich der einfachere ist.«
(Tanja Konnerth, aus: »Leben kann so einfach sein«)

Ich widme dieses Werk allen, die dem Weg ihres Herzens folgen.

In Liebe
Eure Ellen Kühne

Einleitung

Dieses Werk soll eine Stütze für Menschen sein, die ihr Leben zum Positiven verändern wollen und die nach Glück und Erfüllung streben, denn das ist unser Geburtsrecht.

Man kann es als Wegweiser betrachten, der zeigen soll, wie man den Weg zum eigenen Herzen findet – Kraft-Ort mit unerschöpflichem Potenzial für glückliches und erfülltes Leben, in dem es keine Grenzen gibt.

Dieses Buch ist in erster Linie ein Buch über mich selbst, über mein Unbewusst-Sein, das Unglücklich-Sein und die totale Veränderung in meinem Leben, mit dem Hintergrundgedanken, dass derjenige der es liest sich selbst darin erkennt.

Lange genug habe ich gejammert und mein Schicksal für das Unglücklich-Sein verantwortlich gemacht. Nur besser wurde es dadurch nicht. Im Gegenteil. Es ging immer mehr den Bach hinunter, tiefer und tiefer. Es wurde zunehmend dunkler und kälter in meinem Inneren, bis ich gemerkt habe, dass ich in einem tiefen emotionalen Loch feststeckte.

Zum Glück schaffte auch ich den Sprung zwischen Ende und Neuanfang, als ich erkannte, dass sogenannte ›Schicksalsschläge‹ mir neue Chancen und Möglichkeiten bieten, mich als Individuum weiterzuentwickeln.

Wunder geschehen, wenn man sich dafür öffnet.

Es spielt überhaupt keine Rolle, wie schwierig die jetzige Situation ist. Die Lösung dafür und der Weg aus der Krise sind bereits in uns. Deshalb lade ich Dich ein, mein lieber Leser, auf die spannendste Entdeckungsreise Deines Lebens – zu Deiner inneren Welt. Dort und nur dort ist der Schlüssel zum Glück, Erfolg und zur Lebensfreude verborgen.

Du wirst staunen über die verborgenen Schätze, die Vielfältigkeit und Stärke in Dir. Ich zeige Dir den Weg dorthin, begleite Dich und helfe Dir, sie auszugraben.

Die einzigen Voraussetzungen, die Du dafür mitbringen musst, sind Offenheit, Wille und Vertrauen in Dich selbst.

Alles, was ich Dir mitteile, lieber Leser, wurde in meinem Leben und im Leben vieler anderer Menschen umgesetzt und erprobt.

Ich selbst mag Dinge, die einfach gehalten sind, denn in der Einfachheit liegt die Genialität.

Auf diesem Prinzip beruhen die Techniken dieses Buches. Es soll Dir Kraft bringen Dein Leben zum Positiven verändern zu können, dabei aber einfach und alltagstauglich sein.

Der Inhalt wird Dich zum Nachdenken und Hinterfragen bewegen, er wird Dich provozieren und herausfordern, denn nur so kann es gelingen, Dich aus dem Zustand der Unzufriedenheit herauszuführen.

Dieses Werk steht Dir zwar als Leitfaden zur Verfügung, doch das Tempo bestimmst nur Du allein. Es kann sein, dass Du des Öfteren eine Rast einlegen willst, um Dich auszuru-

hen und das Gelesene in Ruhe zu verdauen. Es kann aber genauso gut sein, dass Du Vollgas gibst und Deine Anfangsgeschwindigkeit bis zum Ziel beibehältst. Du kannst es ein oder hundert Mal lesen. Hier gibt es kein richtig oder falsch, langsam oder schnell. Dein innerer Kompass und eigener Antrieb führen Dich zu Deinen persönlichen Schätzen, die seit Erblicken dieser Welt jedem von uns in üppigem Ausmaß zur Verfügung stehen. Der Unterschied zwischen uns Menschen ist, dass wir alle unsere Schätze unterschiedlich einbringen, was daran liegen könnte, dass wir so gut wie nichts von diesen Gaben wissen.
Ich wünsche Dir, lieber Leser, viel Vergnügen bei der Umsetzung des Gelesenen. Die Menschen werden auf Deine Veränderung reagieren und es macht viel Spaß, Verwunderung und sogar Begeisterung in ihren Blicken beobachten zu dürfen. Das Beste ist aber: Dein gesamtes Umfeld wird sich mit Dir zum Positiven verändern.

Steig ein, wenn Du soweit bist, der Zug zu Deiner inneren Welt ist abfahrbereit!

Kapitel 1

Das Wachrütteln

Die Sonne kitzelte meine Nase, es war sehr warm. Ich konnte zusehen wie mein Eis schmolz und war damit beschäftigt es schnell zu vernichten.

Naschen half mir den inneren Schmerz zu lindern, aber leider nur für kurze Zeit.

Mein Handy klingelte. Ich schaute auf das Display: Marina – meine Schwester.

»Ich habe zurückgerufen, so schnell ich konnte, was ist passiert?«

Ich fing an zu erzählen, wie elend es mir ging. Dass es zu Hause kaum auszuhalten war und die Streitigkeiten zwischen mir und meinem Mann immer heftiger wurden.

»Die Kinder sind verschreckt und ich weiß auch nicht mehr weiter. Ich bin am Ende meiner Kräfte und sehe den Ausweg nur in einer Trennung...«

Wut, Schmerz und Angst brannten in mir, ich konnte nichts dagegen tun. Tränen der Verbitterung rannen herunter. Ich kam mir so hilflos und klein vor. Von dieser selbstbewussten Frau, die irgendwo in mir lebte, war keine Spur mehr zu finden.

Marina hörte mir zu, ohne mich zu unterbrechen. Als ich fertig war, sagte sie:

»Die Welt Deines Ehemannes ist perfekt. Sie wurde erschaffen aus dem, wie er die Situation sieht und sie wahrnimmt. Das sind seine Gedanken, Gefühle und Emotionen. Kein Mensch der Welt – auch Du nicht – hat das Recht, dort etwas zu verändern. Wenn Dir etwas nicht passt und Du mit der Situation unglücklich bist, beginne doch bei Dir etwas zu verändern...«

Sie hat mir noch mehr gesagt, aber ich konnte nicht mehr zuhören.

›Blöde Kuh‹, dachte ich nur. »Wieso nimmst Du ihn in Schutz, wenn er mit mir, Deiner Schwester, so umgeht?«

Ich habe die Welt nicht mehr verstanden. Statt eine Portion Mitleid zu verteilen, kam sie mir mit so einer Nummer...

Seit diesem Gespräch sind mehrere Jahre vergangen. Ich lebe in einer glücklichen und harmonischen Beziehung mit demselben Mann. Meine Dankbarkeit für meine Schwester kennt keine Grenzen. Hätte sie so gehandelt, wie ich es damals von ihr erwartete, wäre ich heute wahrscheinlich nicht dort, wo ich jetzt bin und es gäbe dieses Buch nicht. Ich danke Dir von ganzem Herzen, mein Schwester-Herz, für das Wachrütteln.

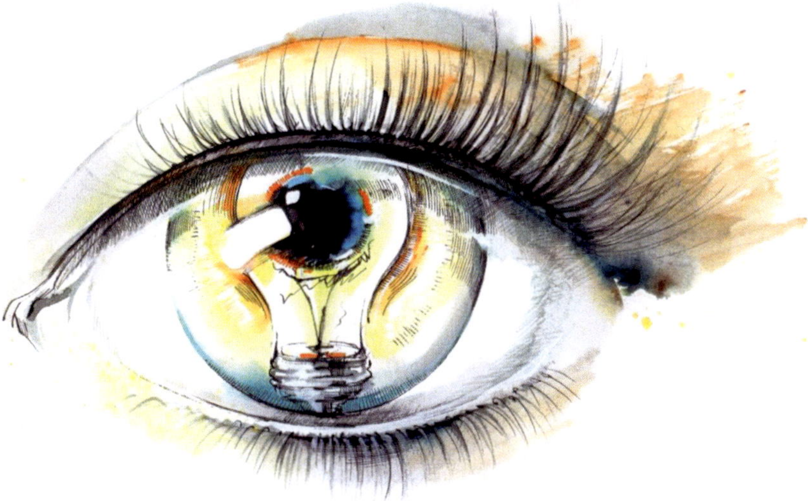

Vom Wachrütteln zur Erleuchtung.

Diese Situation war wie ein elementarer Wendepunkt in meinem Leben. Zu dieser Zeit hatte ich bereits sehr viele Bücher verschlungen, die auf irgendeine Weise mit Persönlichkeitsentwicklung, Glück, Erfüllung, Liebe, Gott oder Engeln zu tun hatten. Theoretisch wusste ich viel und ich konnte auch anderen Menschen wertvolle Ratschläge geben, aber in meinem eigenen Leben schaffte ich es nicht, sie umzusetzen.

Mein Fokus lag auf dem, was ich nicht hatte, statt wertzuschätzen, was ich in meinem Leben bereits erreicht hatte. Ich habe kritisiert, bemängelt, beurteilt und ständig etwas von anderen Menschen erwartet, und meistens trifft es die, die uns am nächsten stehen – unsere Familie.

Damit sollte Schluss sein! Ich musste und wollte etwas ändern. Nur wie?

Dann bin ich auf jemanden gestoßen, der mir dabei helfen konnte. Aber zuerst musste ich diese Person gut kennenlernen und ihr Vertrauen gewinnen. Dieser Prozess hat mich Zeit gekostet, aber nun verstehe ich, dass es die wertvollste Zeitinvestition in meinem ganzen Leben war. Denn diese Person, war ich selbst.

Negativitätsfalle

»Wer bin ich eigentlich?«, schoss es mir des Öfteren durch den Kopf, als ich noch ein Kind war. Ich kann mich sehr gut an die Momente erinnern, in denen ich nur dasaß und meinem Atem lauschte. Dabei beobachtete ich meine Gedanken und studierte mein Körper. Ich schaute ganz genau meine Hände an und untersuchte die Linien darauf. Ich streckte meine Beine aus und wackelte mit den Zehen. Es war ein großartiges Gefühl sich wahrzunehmen und so lebendig zu fühlen.

Damals fand ich es sehr witzig, mir vorzustellen ich sei ein Roboter, der durch die Gedanken gesteuert werden kann. Ich war überwältigt von der Vorstellung, zu was dieser Roboter alles fähig war. Man musste sich nur ein Kommando ausdenken und der Roboter führte es sofort aus. Ich hatte sehr viel Spaß bei diesem Spiel.

Ziemlich schnell fand ich auch heraus, dass der Roboter ohne seine Steuerung im Kopf zu sehr wenig Nütze war. Er war nicht faul oder müde, er wusste einfach nicht weiter.

War also die Steuerung im Kopf schuld, wenn ich keine Lust zum Spielen oder Lernen hatte? Waren etwa meine Gedanken faul und kraftlos? Nur, wie war so etwas möglich, sie saßen doch nur im Kopf und regierten über meinen Körper? Also konnte ein Gedanke mächtiger sein als der Körper selbst?

Über diese und viele andere Dinge habe ich als Kind nachgedacht. Die Antworten auf meine Fragen habe ich nie bekommen, da sie nie ausgesprochen wurden. Ich wusste auch nicht, wem ich sie hätte stellen können, denn alle Erwachsenen kamen mir so beschäftigt vor. Meine Fragen in der Schule vor der ganzen Klasse zu stellen, hätte ich mich nie im Leben getraut. Die Gefahr, sich zu blamieren und ausgelacht zu werden, war einfach zu groß.

Ich wuchs heran und übernahm mit der Zeit immer mehr Verantwortung. Somit hatte ich weniger Zeit zum Nachdenken, bis ich eines Tages, ohne es zu merken, völlig damit aufhörte.

Ich fing an zu funktionieren, genau wie alle anderen Menschen auch. Mir wurde vorgelebt, dass das Leben kein Zuckerschlecken ist und man sein Schicksal so nehmen muss, wie es kommt.

Die Menschen um mich herum mussten hart arbeiten, um etwas zu verdienen oder zu besitzen. Nichts gab es umsonst!

Auch wir Kinder mussten einiges tun, um belohnt zu werden. Der Lohn in Form eines Lobes oder einer positiven Bemerkung war meistens sehr mager. Dafür wurde Kritik umso öfter verteilt.

Solange ich mich erinnern kann, hatte ich immer das Bedürfnis gehabt, beweisen zu müssen, dass ich gut genug bin und es verdiene, geliebt zu werden. Ich habe mich immer bemüht und angestrengt, den Erwartungen anderer Menschen gerecht zu werden.

Zuerst standen das Streben nach den besten Schulnoten und der tatkräftige Unterstützung im Haushalt im Vordergrund. Danach kam der Kampf um den Erwerb materieller Dinge und die persönliche Verwirklichung.

Ich wollte immer dazugehören, um mich nicht ausgeschlossen zu fühlen.

Je älter ich wurde, desto höher wurden meine Ansprüche und Ziele. Glücksmomente, die darauf folgten, wurden aber immer kürzer und seltener. Bis das Leben irgendwann zum

Hamsterrad wurde: ich glaubte, mich immer noch mehr anstrengen zu müssen, um glücklicher zu werden.

Als Glückstrainerin habe ich täglich mit Menschen zu tun, denen es nicht anders geht. Ich merke, wie sie bewusst oder unbewusst mit ihrer eigenen Denkweise zu kämpfen haben.

So war es auch hier:

Eines Tages besuchte mich eine gute Bekannte namens Lilli, die ich für eine Weile aus den Augen verloren hatte. Es war eine schöne Überraschung und ich freute mich sehr sie wiederzusehen.

Wir tranken einen Kaffee miteinander und lachten über einen albernen Witz, als Lilli mir plötzlich eine Frage stellte.

Sie guckte mich dabei sehr ernst und erwartungsvoll an: »Ellen, ich weiß, was Du beruflich machst und möchte Dich fragen, ob Du auch mir beibringen kannst, wie man richtig denkt.«

»Wie meinst Du das jetzt?«, antwortete ich nach einer kurzen Pause.

»Naja, weißt Du, eigentlich ist alles in Ordnung. Ich habe eine großartige Familie, ich liebe meine Kinder und meinen Mann. Wir wohnen in einem Haus, das uns gehört und wir sind gesund. Das ist bereits viel und ich schätze mein Leben sehr. Nur die Gedanken in meinem Kopf machen mich öfter verrückt. Aus heiterem Himmel kommt schlechte Laune über mich, die Kinder werden von mir für eine Kleinigkeit angeschrien und manchmal muss man mich nur schief ansehen, damit ich in Tränen ausbreche. Irgendwie habe ich das Gefühl, dass es mit zunehmendem Alter schlimmer wird.«

Sie hörte auf zu reden und schaute ihre Tasse mit einem abwesenden Blick an. In ihren Augen glitzerten nasse Perlen, die eine nach der anderen hinunter kullerten.

Ich kannte Lilli bereits viele Jahre und wusste, was für ein herzlicher und guter Mensch sie ist. Sie widmete sich ihrer Berufung, Mutter von fünf Kindern zu sein, und schien sehr glücklich dabei.

»Manchmal ist das wie ein Film, der sich immer und immer wieder in meinem Kopf abspielt. Dieser Film beeinflusst meine Laune und mittlerweile mein komplettes Leben. Ich versuche ihn zu ignorieren, aber es gelingt mir nicht so gut. Was mache ich falsch? Warum habe ich im Kopf so viele negative Gedanken, die mich runterziehen? Gibt es einen Weg, da wieder raus zu kommen?«

Während sie sprach, klang ihre Stimme sehr leise. Als sie fertig war, füllte sich der Raum mit ihrer Aura. Ich schaute Lilli an und wusste nur zu gut, was sie damit meinte...

Jeder von uns will nichts anderes als glücklich sein und das Leben genießen.

Ich kann mich noch sehr gut erinnern, wie sich Verzweiflung und Hilflosigkeit anfühlen. Und ich weiß genau, wie mächtig die Negativitätsfalle sein kann. Sie ist wie ein Sumpf, der gnadenlos und ohne Kompromisse alles in sich einsaugt.

Negativitätsfalle ist, wenn man das Bedürfnis hat, beweisen zu müssen, dass man es verdient, geliebt und angenommen zu werden.

Der falsche Fokus

Der Tiefpunkt meines Lebens kam dann, als ich mich zu sehr von mir selbst entfernt hatte. Ich war so beschäftigt mit meiner Selbstverwirklichung, dass ich gar nicht merkte, wie ich mich dabei verlor.

Ich war erfolgreich, finanziell unabhängig und trotzdem sehr unglücklich. Meine Familie hat unter meinem ständigen Zeitmangel gelitten und ich wusste nicht, wie ich es schaffen sollte, weniger zu arbeiten und trotzdem erfolgreich zu sein. Die Besessenheit nach Erfolg, um von der Gesellschaft anerkannt zu werden, war sehr groß.

Somit bewegte ich mich langsam, aber sicher zum körperlichen und mentalen Abgrund. Ich hatte völlig verlernt auf meine innere Stimme zu hören und meiner Intuition zu folgen. Mein Kopf hatte die komplette Regie für mein Leben übernommen.

Erfolgreich, finanziell unabhängig und trotzdem sehr unglücklich.

Der Fokus lag meistens auf dem, was ich nicht hatte oder was ich nicht wollte. Somit strengte ich mich immer mehr an. Ich setzte mich selbst unter einen Druck, der von Tag zu Tag größer wurde. Dementsprechend wuchs die Unzufriedenheit. Das Leben wurde zu einem Rennen, und ich war jemand, der auf der Überholspur in sein Unglück lief.

Jetzt, da ich diese Zeilen schreibe, weiß ich, was für ein großer Täuscher der Kopf sein kann und wie weit weg er uns vom richtigen Weg führen kann. Damals musste ich es selbst erleben um die Lektion zu verinnerlichen und Prioritäten im Leben neu zu ordnen.

Ich musste nur innehalten und mich umsehen. Alles, was mir wirklich am Herzen lag, war bereits da. Das Teuerste und Wertvollste war immer bei mir. Es hatte geduldig auf mich gewartet und leise vor sich hin gelitten.

Ich bin sehr dankbar für diese Erfahrung, denn nur so kann ich anderen Menschen helfen, sich aus dem Sumpf oberflächlicher Illusionen herauszuziehen.

Wie kommt es überhaupt dazu? Warum fühlt man sich unglücklich, obwohl man alles hat um das Leben genießen zu können?

Wenn ich von mir ausgehe und Menschen, mit denen ich zu tun hatte, kann ich behaupten, dass der Grund dafür bei allen der gleiche ist: man will geliebt und angenommen werden. In erster Linie von unseren Eltern, später dann von unserem restlichen Umfeld.

Natürlich könnte man der Aussage auch widersprechen,

denn die meisten Eltern lieben ihre Kinder sehr und das kann definitiv nicht der Grund für ihr Unglück sein.

Dass die Eltern ihre Kinder lieben, bezweifele ich nicht. Es wird nur manchmal zu wenig gezeigt oder gesagt. Manche Eltern denken, ihre Kinder müssten es wissen, dass sie geliebt werden, weil sie sich schließlich um ihr Wohlergehen kümmern. Die meisten Eltern arbeiten hart, damit ihren Kindern nichts im Leben fehlt. Damit sie eine anständige Bildung genießen und leichter Fuß im Erwachsenenleben fassen können.

Nur: Was braucht ein Kind wirklich, damit es zu einem glücklichen Erwachsenen heranwächst?

Auch Du warst ein Kind

Als kleine Gedankenhilfe möchte ich Dich in die Vergangenheit entführen.

Wir gehen zurück in die Kindheit, denn dort wurde unsere innere Welt geformt, die uns heute bewusst oder unbewusst prägt.

Die Sache ist die, das Glück ist unser Geburtsrecht. Das ist eine Tatsache. Oder kennst Du, verehrter Leser, ein einziges Kleinkind, das auf allen Vieren krabbelt und sich über sein Leben beschwert?

Ich persönlich kenne solche Kinder nicht. Ich bin selbst Mutter von vier aufgeweckten Jungen und Tante von dutzenden Nichten und Neffen.

Als Kinder schöpfen wir aus unserer inneren Quelle und

handeln intuitiv. Das macht uns glücklich, zufrieden und nicht nachtragend. Wir sehen die Welt mit reinem, furchtlosem Blick und erforschen unsere Umgebung mit großem Eifer und großer Neugier. Wir lachen und weinen, wenn uns danach ist. Ohne einen ›richtigen‹ Grund zu haben. Wir machen das, weil wir uns in diesem Moment so fühlen. Und wir sind ehrlich.

Das Glück ist unser Geburtsrecht!

Wir sind auch dann ehrlich, wenn wir zu sprechen anfangen. Unsere Gedanken und Beobachtungen werden in Wörter gekleidet und durch ein kleines Mundwerk in die große Welt geschickt. Des Öfteren wird man zurechtgewiesen und als ›frech‹ oder ›böse‹ bezeichnet. Man ist aber nicht aus Boshaftigkeit ehrlich, ganz im Gegenteil. Nur – ein Kind kann nicht wissen, dass viele Erwachsene nicht viel mit seiner Ehrlichkeit anfangen können. Wir wollen nicht, dass jemand traurig ist und wir wollen nicht als ›böse‹ bezeichnet werden. Darum hören wir auf so zu sein, wie wir sind und fangen an so zu sein, wie es von uns erwartet wird.

Als Kinder beobachten wir intensiv und nehmen alles um uns herum in uns auf. Dabei hinterfragen wir auch nichts. Wir vertrauen diesen Personen, die sich rührend um uns kümmern. Mit der Zeit übernehmen wir auch ihre Denkweise. Wir lernen die Welt mit den Augen dieser Menschen zu sehen und entfernen uns von der eigenen Individualität.

Wir lernen, das für richtig zu halten, was uns vorgelebt wird. So fangen wir an zu glauben, dass Liebe und Anerkennung verdient werden müssen. Dass wir uns erst einmal gut genug anstrengen und gewisse Kriterien erfüllen müssen, um glücklich zu werden.

Mit dieser Grundeinstellung gehen die meisten von uns ins Erwachsenenleben.

Kapitel 2

Suche nach einer Lösung

Die oben beschriebene Negativitätsfalle hatte mich in meinem Leben an einen Punkt geführt, an dem meine Ehe zu zerbrechen drohte. Mir war klar, dass ich etwas verändern musste, nur wusste ich nicht wie. Ich sollte bei mir beginnen, nur wusste ich nicht, wo genau? Es schien alles so kompliziert und hoffnungslos zu sein...

Ich suchte Antworten in Büchern, die zu dieser Zeit meine täglichen und treuesten Begleiter wurden. Aber auch dort konnte ich keine fertige Lösung, die mir auf dem Silbertablett serviert wurde, entdecken.

Ich klappte wieder einmal ein Buch zu, schob es zur Seite und starrte die Wand an.

»Es muss doch eine Lösung geben.«

Das Öffnen der Eingangstür riss mich aus meinen Gedanken. Mein Bauch krampfte sich zusammen und ein Gefühl der Panik stieg in mir hoch bis zum Hals. Mein Mann kam von der Arbeit. Ich wusste wie schwierig es in letzter Zeit mit uns beiden war und versuchte die Begegnung mit ihm hinaus zu zögern. Streitigkeiten waren nur eine Frage von ein paar Stunden oder auch Minuten.

Dieses Mal aber kam alles anders... Eine Lösung musste her!

Solange es keine Fragen gibt, gibt es keine Antworten.

Ich ging in die Küche und machte sein Essen warm. Sonst war ich danach sofort hinausgegangen, aber diesmal blieb ich bei ihm.

»Wie war Dein Tag?«, fragte ich ihn nach ein paar Schweigeminuten. Er schaute mich mit einem verwunderten Blick an und brummte etwas vor sich hin, das wahrscheinlich so etwas wie ›wie immer‹ heißen sollte.

Mir fiel etwas ein das ich ihm erzählen konnte und während ich redete, wurde ich selbst ruhiger und gelassener. Dieser Tag war der erste seit längerer Zeit, an dem wir uns nicht stritten.

Lag es an der Aufmerksamkeit die er in der letzten Zeit von mir so selten bekommen hatte? Möglicherweise! Aber da gab es noch viel mehr...

Aus dem anderen Blickwinkel

Ich fing an zu beobachten.

Innerhalb sehr kurzer Zeit konnte ich zusehen, wie mein Leben sich wendete. Das Interessante daran war, dass ich nichts dafür tun musste. Ich habe mich nur mit mir selbst beschäftigt und habe mich bewusst wahrgenommen.

Vor allem bemerkte ich, wie meine Gedanken und Emotionen mein Umfeld beeinflussten, denn mir wurde plötzlich klar, dass mein Beitrag zu den Situationen die mir gefielen oder auch nicht gefielen immens war.

Bis dahin hatte ich nur die anderen Menschen wahrgenommen und mir den Kopf zerbrochen, warum sie sich so benahmen, wie sie es taten, oder warum sie dieses oder jenes sagten oder so reagierten, wie sie eben reagierten. Ich habe mich oft genug darüber aufgeregt, aber mir ist nie in den Sinn gekommen, dass ich diese Reaktionen beeinflussen kann und auch beeinflusst habe.

Solange es einem nicht bewusst wird und man mehr oder weniger ›blind‹ lebt, kann das Leben ganz schön ungerecht erscheinen.

Jeder von uns hat ein gewisses Päckchen zu tragen, der eine mehr und der andere weniger. Das Entscheidende ist nur, was man aus dem Ganzen macht. Oder anders ausgedrückt, wie man auf die unterschiedlichen Situationen reagiert.

Denn die Reaktion auf ein Geschehnis beeinflusst unser Leben und nicht das Geschehnis selbst.

Davon erzählt auch die folgende Geschichte:

Eintagsfliege

An einem warmen Sommertag hatte die Eintagsfliege um die Krone eines alten Baumes getanzt, gelebt, geschwebt und sich glücklich gefühlt. Und als sich das kleine Geschöpf einen Augenblick in stiller Glückseligkeit auf den großen, frischen Blättern ausruhte, sagte der Baum: »Arme Kleine! Nur einen Tag währt Dein ganzes Leben! Wie kurz das ist!« – »Alles ist so herrlich, so warm, so schön. Und ich selbst bin glücklich!« – »Aber nur einen Tag, und dann ist alles vorbei!« – »Vorbei?«, fragte die Eintagsfliege. »Was ist vorbei? Bist Du auch vorbei?« – »Nein, ich lebe vielleicht Tausende von Deinen Tagen. Und meine Tage sind ganze Jahreszeiten! Das ist etwas so Langes, dass Du es gar nicht ausrechnen kannst!« – »Nein, denn ich verstehe Dich nicht! Du bist Tausende von meinen Tagen, aber ich habe Tausende von Augenblicken, in denen ich froh und glücklich sein kann! Hört denn alle Herrlichkeit dieser Welt auf, wenn Du etwa stirbst?« – »Nein«, sagte der Baum, »die währt gewiss länger, unendlich viel länger, als ich denken kann!« – »Aber dann haben wir ja gleich viel, nur dass wir verschieden rechnen!«

(Hans Christian Andersen)

Das Beobachten, sowie Dinge aus verschiedenen Perspektiven zu betrachten, ist für mich zu einem Spiel geworden und es hat mein Leben bereichert.

Ich habe mich zum Beispiel nicht mehr blind auf einen Streit mit meinem Partner eingelassen, sondern bin in dem Moment, in dem die Luft dicker wurde, neutraler Zuschauer geblieben. Es war interessant zu sehen, wie schnell mein Mann ›von der Palme herunterkam‹, nur weil ich kein Öl ins Feuer gegossen habe.

Hätte ich mich ebenfalls hineingesteigert, hätte ich seine Wut mit meiner genährt und die Situation wäre wieder eskaliert.

Die Sicht aus einem anderen Blickwinkel,
macht das Leben bunter.

Wenn Du etwas verändern willst, beginne bei Dir! Und es verändert sich alles um Dich herum automatisch – heute verstehe ich die tiefe Bedeutung dieses Satzes. Genau wie ich feststellen durfte, dass das auch das Fundament für ein glückliches Leben ist.

Ich bin der Meinung, dass dieses Buch auch Dein Leben verändern kann, lieber Leser.

Darum frage ich Dich jetzt: Wie gut kennst Du Dich?
Bitte denke einen Moment darüber nach, das ist sehr wichtig!
Schätze bitte ein, wie viel Prozent von dem, was Du tust, unbewusst und wie viel bewusst gesteuert wird.

Tipp:
Am Ende des Buches ist Platz für persönliche Notizen vorgesehen, damit Du Deine Gedanken, Antworten, sowie Deine plötzlichen Erkenntnisse festhalten kannst. Das könnte Dir eine große Erleichterung und wertvolle Wegbegleitung auf Deiner Entdeckungsreise nach inneren Schätzen sein.

Mit der Frage oben möchte ich Dir zeigen, lieber Leser, wie gut oder wie wenig Du Dich selbst kennst.

Heutzutage ist es kein Geheimnis mehr, dass der Mensch nur 10 bis 15 Prozent seines Potenzials nutzt. Was passiert eigentlich mit dem Rest? 85 bis 90 Prozent bleiben unberührt und befinden sich im erzwungenen Ruhemodus.

In uns befinden sich jede Menge unentdeckter Werkzeuge und Schätze, die unser Leben deutlich leichter und interessanter machen können, wenn wir sie einsetzen. Wir müssen nicht mehr mit dem Kopf durch die Mauer gehen. Mit dem richtigen Werkzeug in der Hand, bleibt der Kopf für die wichtigeren Dinge verschont.

Das Eulen-Spiel

Das Beobachten ist auch eines der Werkzeuge aus dem Instrumentarium des Lebens. Dieses Werkzeug dient uns als Schlüssel zu dem Tor in die innere Welt.

Die Technik, ein guter Beobachter zu sein und den Zugang zu meinen Schätzen zu bekommen, habe ich mir bei der Natur abgeschaut, um genauer zu sein, bei einer Eule.

Dieser Vogel ist ein hervorragender Beobachter, der im Gegensatz zu vielen anderen Vögeln reglos und ruhig ist. Die Eule verschwendet ihre wertvolle Energie nicht umsonst, sondern setzt sie gezielt ein. Diese Eigenschaften machen den Vogel für mich zu einem Symbol der Weisheit.

Lernen zu beobachten, macht uns nicht nur bewusster, sondern auch produktiver.

Übung zur Steigerung der Wahrnehmung:

Werde zu einer Eule, indem Du Dir bewusst Zeit für die Beobachtungen in Deinem Alltag nimmst:

Nimm Dich selbst inklusive Deiner Gedanken, Emotionen und Gefühle wahr. Welche Gedanken bringen positive Emotionen mit sich und geben Dir Kraft, welche Gedanken rauben Dir die Kraft? Wo kommen diese Gedanken her?

Nimm auch Dein Umfeld wahr: Geräusche, Farben, Gerüche, spielende Kinder und Tiere, das Gezwitscher der Vögel, ständig sich verändernde Muster der Wolken, das Geflüster des Windes ...

Es gibt so vieles, auf das man achten kann, das vorher selbstverständlich schien.

Betrachte diese Übung als ein Spiel. Gehe dabei locker und unvoreingenommen vor. Vergiss nicht, Du bist eine Eule. Der Sinn dieser Übung ist, Dich selbst besser kennenzulernen und Deine Wahrnehmung zu erweitern. Und das Wichtigste ist, Du kannst sie ohne großen Aufwand in Deinen Alltag integrieren.

Es gab Momente, in denen ich nicht mehr wusste, wie ich von Punkt A nach Punkt B gekommen war oder ob ich das, was ich mir vorgenommen, bereits besorgt bzw. erledigt hatte. Diesen Zustand betrachtete ich als Normalität.

Durch unbewusste und einseitige Wahrnehmungen hatte ich viel von meiner lebenswichtigen Energie einfach verschwendet, ohne es selbst zu bemerken. Das führte zu immer häufigeren Reizbarkeiten und Wutanfällen, vor allem in der Familie. Zu permanenter Energie- und Kraftlosigkeit.

Die nachfolgende Geschichte ist ein schönes Beispiel dafür:

Das Geheimnis der Zufriedenheit

Es kamen einmal ein paar Suchende zu einem alten Zenmeister.

»Herr«, fragten sie »was tust Du, um glücklich und zufrieden zu sein? Wir wären auch gerne so glücklich wie Du.« Der Alte antwortete mit mildem Lächeln: »Wenn ich liege, dann liege ich. Wenn ich aufstehe, dann stehe ich auf. Wenn ich gehe, dann gehe ich und wenn ich esse, dann esse ich.« Die Fragenden schauten etwas betreten in die Runde. Einer platzte heraus: »Bitte, treibe keinen Spott mit uns. Was Du sagst, tun wir auch. Wir schlafen, essen und gehen. Aber wir sind nicht glücklich. Was ist also Dein Geheimnis?« Es kam die gleiche Antwort: »Wenn ich liege, dann liege ich. Wenn ich aufstehe, dann stehe ich auf. Wenn ich gehe, dann gehe ich und wenn ich esse, dann esse ich.« Die Unruhe und den Unmut der Suchenden spürend fügte der Meister nach einer Weile hinzu: »Sicher liegt auch Ihr und Ihr geht auch und Ihr esst. Aber während Ihr liegt, denkt Ihr schon ans Aufstehen. Während Ihr aufsteht, überlegt Ihr, wohin Ihr geht und während Ihr geht, fragt Ihr Euch, was Ihr essen werdet.

So sind Eure Gedanken ständig woanders und nicht da, wo Ihr gerade seid. In dem Schnittpunkt zwischen Vergangenheit und

Zukunft findet das eigentliche Leben statt. Lasst Euch auf diesen nicht messbaren Augenblick ganz ein und Ihr habt die Chance, wirklich glücklich und zufrieden zu sein.«

(Unbekannter Verfasser)

Als ich anfing dieses Beobachtungs-Spiel zu spielen, konnte ich zusehen, wie meine innere Welt und mein ganzes Leben sich veränderten. Zum Positiven! Sie veränderten sich in einer Weise, auf die ich nicht einmal in meinen kühnsten Träumen zu hoffen gewagt hatte. Ich wurde ruhiger und ausgeglichener, meine Vitalität und mein Energiehaushalt sind deutlich gestiegen. Ich lächelte wieder mehr und hatte Spaß am Leben.

Diese Veränderungen waren wie die Blüten eines Fruchtbaums. Und die Früchte ließen auch nicht lange auf sich warten.

Kapitel 3

Entdeckungsreise

In diesem Sommer investierte ich besonders viel Zeit in mich selbst. Mit meinem Hund Lola nutzte ich die Morgenstunden für längere Spaziergänge. Die wohltuende Frische der Luft, die zarte Umarmung des Windes und die wärmenden Strahlen der Sonne waren wie Balsam für meine lange genug gequälte Seele. Ich nahm die Natur mit all ihren Gerüchen, Geräuschen und ihrer Schönheit in mich auf. Ich war zugleich hungrig und durstig danach. Mich wunderte es sehr, warum ich das alles nicht früher wahrgenommen hatte. Wie konnte man so blind sein? All die vergangenen Jahre kamen mir armselig vor, da ich nur auf das Oberflächliche fixiert gewesen war und den wahren Luxus, den das Leben uns bietet, nicht erkannt hatte.

Die intensive Beobachtung hat mir vieles bewusst gemacht und meine Wahrnehmung wurde geschärft. Ich hatte das Gefühl, die Farben wurden leuchtender, Gerüche intensiver und Geräusche lauter.

Es war ein völlig neuer Zustand für mich, der von starken, mir bislang unbekannten Gefühlen und Emotionen begleitet wurde.

Zum Beispiel hatte ich plötzlich aus heiterem Himmel das Bedürfnis, die ganze Welt zu umarmen.

Es öffnete sich etwas in mir und breitete sich im ganzen Körper aus, ich fühlte mich wie ein leuchtender Stern.

Das war ein unbeschreiblich schönes Gefühl, das ich früher nie oder so selten empfunden hatte, dass ich mich nicht mehr daran erinnern konnte.

Die erste Zeit überbekam mich dieser Zustand draußen, als ich nur für mich allein war und fleißig übte, eine Eule zu sein. In dem Moment schaltete ich gedanklich ab und konzentrierte mich mit allen meinen Sinnen auf die Natur. Es machte nicht nur Spaß, es war wie eine Entdeckungsreise. Intuitiv wusste ich, dass hinter dem, was ich zu sehen bekam, eine vollkommene Ordnung herrschte, die ins kleinste Detail durchdacht war. Es stellte mich als Mensch auf die gleiche Stufe der Bedeutsamkeit wie alle anderen Lebewesen.

Alles was kriecht, fliegt, schwimmt, läuft oder wächst, hat eine wichtige Funktion für diesen Planeten. Mir wurde klar, dass auch ich ein Teil dieser Ordnung war. Ich kam mir vor wie eine winzige Schraube in einem hochkomplizierten Mechanismus, in dem alles aufeinander abgestimmt ist.

Durch diese Erkenntnis schienen meine Probleme immer mehr zu schrumpfen, bis sie plötzlich nicht mehr wichtig waren und sich von selbst auflösten, da ich ihnen keine Beachtung mehr schenkte.

Ich war sehr dankbar für diese Offenbarung. Sie lehrte mich, viele Dinge mit anderen Augen zu betrachten und wertzuschätzen.

Wir leben in einem hochkomplizierten Mechanismus,
in dem alles aufeinander abgestimmt ist.

Zu meiner Erkenntnis passt diese wunderbare Geschichte, die so treffend unsere menschliche Oberflächlichkeit beschreibt:

Eines Tages nahm ein Mann seinen Sohn mit aufs Land, um ihm zu zeigen, wie arme Leute leben. Vater und Sohn verbrachten einen Tag und eine Nacht auf der Farm einer sehr armen Familie. Als sie wieder zurückkehrten, fragte der Vater seinen Sohn: »Wie war dieser Ausflug?« – »Sehr interessant!«, antwortete der Sohn. – »Und hast Du gesehen, wie arm Menschen sein können?« – »Oh ja, Vater, das habe ich gesehen.« – »Was hast Du also gelernt?«, fragte der Vater. Und der Sohn antwortete: »Ich habe gesehen, dass wir einen Hund haben und die Leute auf der Farm haben vier. Wir haben einen Swimmingpool, der bis zur Mitte unseres Gartens reicht, und sie haben einen See, der gar nicht mehr aufhört. Wir haben prächtige Lampen in unserem Garten und sie haben die Sterne. Unsere Terrasse reicht bis zum Vorgarten und sie haben den ganzen Horizont.« Der Vater war sprachlos. Und der Sohn fügte noch hinzu: »Danke Vater, dass Du mir gezeigt hast, wie arm wir sind.«

(aus: Dr. Philip E. Humbert, The Innovative Professional`s Letter, frei übersetzt und leicht verändert)

Gedanken-Hygiene

Dank des Beobachtungs-Spiels erweiterte sich auch mein geistiger Horizont. Ich fing an vieles zu hinterfragen und ordnete die Prioritäten komplett neu. Dabei haben Dankbarkeit und Wertschätzung eine sehr wichtige Rolle gespielt: Sie sollten mich von meinen alten Denkmustern befreien, indem sie die Qualität meiner Gedanken und somit des gesamten Lebens erhöhten.

»Was soll das heißen? Und wie soll das funktionieren?«, fragst Du Dich vielleicht.

Eines Tages las ich etwas, das mich nachdenklich machte: *»Die Summe Deiner Gedanken aus der naheliegenden Vergangenheit ergibt Dein Leben jetzt.«*

Mir war klar, dass der Autor, dessen Namen ich leider nicht weiß, uns auf etwas hinweist, das ich »Gedanken-Hygiene« nenne, nämlich die Möglichkeit, etwas zu verändern, wenn wir mit unserem Leben unzufrieden sind.

Also noch einmal: *»Die Summe Deiner Gedanken aus der naheliegenden Vergangenheit ergibt Dein Leben jetzt.«*

Lasse Dir diesen Satz auf der Zunge zergehen und denke bitte einen Augenblick darüber nach, lieber Leser.

Denn das Gelesene hat mich dazu bewegt, eine Gedanken-Inventur der letzten paar Jahren meines Lebens durchzuführen. Dazu musste ich nicht einmal wissen, was ich damals gedacht habe, sondern mich nur an meinen damaligen emotionalen Zustand erinnern, denn unsere Gefühle sind eng mit unseren Gedanken verbunden.

Diese neue Erkenntnis förderte mich in meiner Bewusstseinserweiterung sehr, denn es wurde mir endgültig klar, dass die Wurzel meiner Unzufriedenheit in meiner Denkweise lag: Ich widmete zu viel Aufmerksamkeit den Dingen, die ich nicht mochte und beachtete zu wenig das Wesentliche. Außerdem sah ich vieles als selbstverständlich an und teilte bei jeder Gelegenheit Kritik aus, statt Lob und Komplimente dort zu äußern, wo sie verdient waren.

Was für eine selbstzerstörerische Denkweise! Wie soll Lebensfreude und Harmonie entstehen, wenn man überwiegend das Negative sieht und man sich, unbewusst natürlich, nur darauf konzentriert?

Es war eine sehr ernüchternde Tatsache, über die ich zuvor nie nachgedacht hatte. Doch ich war froh über meine Erkenntnis, denn nur mit dieser Grundlage konnte ich etwas verändern.

Somit kam ich zu einem Entschluss: Wenn man selbst in der Lage ist, sich in ein emotional tiefes Loch zu setzen, in dem man über Jahre hinweg Gedanken der niedrigen Energie, wie Selbstmitleid, Groll, Wut, Hass, Ängste unterschiedlichster Art, pflegt – dann muss man auch in der Lage sein, sich selbst dort wieder herauszuholen, indem man die Energie der Gedanken um das Wesentliche erhöht.

Wenn man in der Lage ist sich selbst mit eigener Denkweise zu schaden, dann ist man auch in der Lage sich selbst da raus zu helfen.

Auch zu dieser Erkenntnis fällt mir eine kurze Geschichte ein, die sie bildlich passend abrundet:

Ein alter Indianerhäuptling erzählt seinem Enkel:

»In meiner Brust wohnen zwei Wölfe. Einer ist der Wolf der Dunkelheit, der Angst, des Misstrauens, der Verzweiflung und des Neides. Der andere ist der Wolf des Lichtes, der Liebe, der Lust und der Lebensfreude.« Da fragt der Enkel: »Und welcher wird gewinnen?« Der alte Indianer antwortet: »Der, den ich füttere.«

(Indianische Weisheit - unbekannter Autor)

Oh, oh, das riecht nach Arbeit, Geduld und Selbstdisziplin, könntest Du jetzt denken. Und weil jeder von uns bequem und ungeduldig ist, weißt Du vielleicht nicht, ob Du Dich darauf einlassen möchtest.

Zum Glück habe ich mich darauf eingelassen und heute weiß ich sicher, dass es die lohnendste Investition meines Lebens war. Und die Arbeit, im Verhältnis zum Ergebnis, war nur ein ›Klacks‹.

Außerdem kann man den Veränderungsprozess als ein Spiel betrachten, sowie auch das ganze Leben im Grunde genommen ein Spiel ist. Nur ist es wichtig, die Regeln zu kennen und zu wissen, wie man die richtigen Spielzüge macht, statt sich blind auf sein Glück zu verlassen.

Das Beobachtungs-Spiel, auf das ich immer wieder zurückkomme, wurde für mich zu einer sehr wichtigen Grundlage, auf der ich weitere bedeutende Erkenntnisse aufbaute. Außerdem fördert es die Wahrnehmung und für die Bewusstseinserweiterung ist eine gute Wahrnehmung genauso unerlässlich wie das Fundament beim Hausbau. Bleib bitte weiterhin eine Eule, lieber Leser, denn davon hängt Deine weitere Entwicklung ab. Diese Übung wird sich in Deinem Leben tausendfach auszahlen, und zwar in allen Bereichen, beruflich wie privat.

Von der Dankbarkeit zur Fülle

Jetzt möchte ich auf die Begriffe ›Dankbarkeit‹ und ›Wertschätzung‹ zurückkommen, denn sie wurden zu weiteren entscheidenden Werkzeugen auf der Reise zu meiner inneren Welt.

Mit Hilfe dieser Werkzeuge lässt sich die Schwingung von Gedanken erhöhen, um damit die richtige Frequenz für ein glückliches Leben zu erreichen.

Dieses Prinzip funktioniert ähnlich wie ein Radio: Wenn man einen bestimmten Sender hören will, musst man zuerst seine Frequenz einstellen.

Auch Erfüllung, Gesundheit und Erfolg haben ihre Frequenzen. Sie sind deutlich höher als die der Attribute die uns in ein tiefes emotionales Loch treiben.

Um es an einem Beispiel zu zeigen, wähle ich ein für uns alle unerlässliches Thema – die Finanzen. Das Geld ist nichts anderes, als ein Mittel zum Zweck in unserem Leben, das auch auf eigenen Frequenzen schwingt. Das erklärt auch das Phänomen, warum die Reichen immer reicher werden und die ›Otto-Normalverbraucher‹ manchmal hart um ihre Existenz kämpfen müssen. Beide unterscheidet die Qualität ihrer Gedanken im Zusammenhang mit Geld: Einer sendet Fülle aus und der andere Mangel.

Über viele Jahre hinweg hatte auch ich Gedanken des Mangels entwickelt. Sobald etwas mehr Geld da war, kam meistens etwas dazwischen über das ich mich ärgern konnte. Unerwartete Rechnungen, Strafzettel im Straßenverkehr oder defekte Haushaltsgeräte.

Damals konnte ich die Zusammenhänge nicht erkennen und nachvollziehen. Heute habe ich das Geheimnis, das eigentlich gar kein Geheimnis ist, für mich gelüftet und werde Dir zeigen, wie Du, lieber Leser, die Schwingung und Qualität Deiner Gedanken verändern kannst, um die Fülle in allen Bereichen des Lebens zu genießen.

Dankbarkeit und Wertschätzung helfen uns dabei. Das ist die schnellste, einfachste und wirksamste Methode zur Erhöhung der Energie, die wir permanent aussenden.

Hohe Qualität unserer Gedanken führt zur Fülle in allen Bereichen des Lebens.

»Was hat Dankbarkeit mit Fülle zu tun?«, werde ich immer wieder gefragt. »Sehr viel!«, antworte ich meistens mit einem Lächeln im Gesicht. Früher habe ich das auch nie verstanden und ich muss schmunzeln, weil mir immer mehr klar wird, wie ähnlich wir doch alle ›ticken‹. Also, wenn ich es verstanden habe und gelernt habe es umzusetzen, dann kann es auch jeder andere, vorausgesetzt er oder sie will es.

Du musst Dir das folgendermaßen vorstellen, lieber Leser:

Wenn Du Dich für etwas bedankst, dann gehst Du davon aus, dass dieses Etwas in Deinem Leben bereits da ist. Das können zunächst Kleinigkeiten sein wie: Kleidung, Lebensmittel, Strom, warmes Wasser, ein Dach über dem Kopf und so weiter. Ich sage ›Kleinigkeiten‹, weil diese Dinge zur Selbstverständlichkeit für uns geworden sind und viele Menschen sie nie zu schätzen gelernt haben. Im Vergleich zu anderen Ländern und Kulturen haben wir es sehr bequem und einfach. Wir müssen nur anfangen es zu erkennen und lernen es wertzuschätzen. Mit dieser Wertschätzung senden wir automatisch Fülle aus. In dem Moment wird die Schwingung unserer Gedanken erhöht und auf die richtige Frequenz eingestellt.

Das Anziehungskraft-Gesetz sorgt dafür, dass die ausgesandten Schwingungen sich materialisieren und vermehren, denn laut diesem Gesetz bekommt man immer mehr von dem zurück, als man aussendet.

Über das Anziehungskraft-Gesetz gibt es unzählige, gute Bücher, die Du zu Rate ziehen kannst, falls Du noch nichts darüber weißt. Ich persönlich mag Werke von Esther und Jerry Hicks, die ich sehr gerne weiterempfehle.

Im Laufe der Zeit wächst die Fülle und vermehrt sich in allen Bereichen des Lebens.

Wenn ich das Ganze auf das Beispiel mit dem Radio übertrage, sieht es folgendermaßen aus:

Man kann den gewünschten Sender im Radio nur anhören, wenn das Radio eingeschaltet und die richtige Frequenz eingestellt ist. Andernfalls wird man mit Stille oder einem Rauschen statt mit schöner Musik abgespeist.

Um uns auf die richtige Frequenz im Leben einzustellen, damit wir den Sender ›erfülltes und glückliches Leben‹ genießen können, sollten wir bewusst Ausschau nach Dingen halten, für die wir dankbar sein können. Dankbarkeit erhöht die Energie, die wir nonstop aussenden, um das Wesentliche und diese Energieerhöhung ist notwendig für den Empfang des gewünschten Senders. Schließlich haben die Naturgesetze auch keine Pausen, sie sind immer auf ›on‹.

Übrigens, diese machtvollen Gesetze funktionieren unabhängig davon, ob wir an sie glauben oder sie kennen.

Du bist ein machtvoller Schöpfer

Ich weiß natürlich nicht, in welcher Situation Du Dich befindest und wie leicht oder schwer es Dir fällt, Dich auf die positiven Seiten des Lebens zu konzentrieren, aber eins weiß ich gewiss – Menschen, die an einer schwerwiegenden körperlichen Beeinträchtigung leiden oder gelitten haben, oder die eine tiefschürfende Schicksalswendung erlebt haben, schimpfen nicht mehr über ihr Leben und praktizieren kein Selbstmitleid mehr. Diese Menschen sind zu stark und zu weise geworden, um zu jammern und die wertvolle Energie, die für die Schöpfung benötigt wird, einfach zu verschwenden. Und wenn, Du, lieber Leser, dieses Werk in den Händen hältst und nach Veränderungen in Deinem Leben strebst, ist es für mich ein klares Zeichen, dass Du bereits zu diesen starken und weisen Menschen gehörst. Andernfalls wärst Du gar nicht willig und interessiert, Bücher wie dieses aufzuschlagen. Da Du dies tust, bist Du auch soweit Dein Leben selbst in die Hand zu nehmen und einiges darin zu verändern.

Ich bin felsenfest davon überzeugt, dass Du es ohne Probleme schaffen wirst, Deinen Blickwinkel zu verändern bzw. ihn zu erweitern, um Dich mehr mit der positiven Seite des Lebens zu beschäftigen. Damit meine ich keine rosarote Brille mit der man den Boden unter den Füßen verliert und so tun kann, als sei alles heile Welt. Nein! Man soll in der Realität bleiben, nur da kann man seine eigene Existenz mitgestalten und erschaffen.

Die Welt liegt uns zu Füßen!

Außerdem soll man Hinweise erkennen, die uns das Leben schickt, nicht um uns zu ärgern, sondern um unseren Wachstumsprozess zu fördern. In meinen Augen gibt es nichts Schlimmeres als einen Zustand, in dem kein geistiges Wachstum stattfindet und wir Menschen sind nun mal so veranlagt, dass unsere Weiterentwicklung meistens mit körperlichen oder seelischen Leiden verbunden ist. Denn nur so werden wir aus unserer Bequemlichkeit herausgerissen und zum Leben animiert. Denn Leben ist Bewegung plus Entwicklung.

Diese elementare Erkenntnis hat in mir eine tiefe Dankbarkeit für mein Leben ausgelöst. Für all den Schmerz und die Leiden, die ich je gefühlt habe, bin ich mit jeder einzelnen Zelle in mir zutiefst dankbar, denn sie haben mich zu dem gemacht, was ich heute bin.

Ich bin übrigens überzeugt – je größer die Verantwortung, die ein Mensch in seinem Leben übernehmen soll, desto früher und intensiver wird er darauf vorbereitet. Wie soll man einem Anderen helfen, wenn man sich selbst nicht helfen kann?

Ich habe mich vor ein paar Tagen mit einer Heilerin aus der Schweiz unterhalten. Eine faszinierende Frau, die unglaubliche Dinge mit ihren Händen und ihrem Geist vollbringt. Sie hat mir in Kurzform über ihr Leben berichtet, das ich keinem ›normalen‹ Menschen zumuten und wünschen würde, denn die meisten von uns könnten daran zerbrechen.

Anschließend erzählte sie mir über ihr Werk und ihr Vorhaben für die Zukunft. Danach wurde mir klar, warum so eine harte Vorbereitung notwendig war.

Erhöhung der Energie

Auch ich musste lernen, Dankbarkeit und Wertschätzung zu praktizieren, denn noch vor ein paar Jahren konnte ich damit nicht sehr viel anfangen, außer im Zusammenhang mit Anstand und guten Manieren. Man bedankte sich automatisch für gewisse Dinge, aber diese Dankbarkeit hat bei weitem nicht die gleiche Qualität, wie die Dankbarkeit, von der ich hier spreche.

Wie lernt man eigentlich, sich bei den Menschen oder Situationen zu bedanken, die einem Leid zugefügt haben? Indem man erkennt, für was dieses Leid notwendig war oder ist: Manchmal ist dieses Leid notwendig, um loslassen zu können und manchmal, um zu erkennen, dass man weit vom eigenen Selbst abgekommen ist. Es gibt unzählige Gründe, die alle sehr individuell sind, aber dennoch dasselbe Ziel haben – unser persönliches und geistiges Wachstum, das uns manchmal an unsere Grenzen führt. Das ist notwendig, um uns selbst und unsere Möglichkeiten besser kennenzulernen und um sich entfalten zu lassen.

Wenn man aber noch nicht bereit ist, so weit zu blicken, kann man mit einfacheren Dingen anfangen, die aus unserem Leben nicht wegzudenken sind.

Ich möchte diese Gelegenheit nutzen, um, lieber Leser, ein Experiment mit Dir durchzuführen:

Wenn Du die Aufgabe gelesen hast, lege bitte für einen Augenblick das Buch zur Seite, nimm eine bequeme Sitzhaltung ein und entspanne Dich durch ein paar längere Atemzüge. Wenn Du soweit bist, halte bitte die Luft an! Halte sie so lange an, wie Du es nur aushalten kannst. Das Experiment ist beendet, wenn Du wieder nach Luft geschnappt hast. Lass Dir bitte etwas Zeit, um über die gerade gemachte Erfahrung ***bewusst*** *einen Moment nachzudenken:*

Wie hat es sich angefühlt, ohne Luft zu sein?

Welche Emotionen sind in Dir hochgestiegen?

Welchen Wert hat für Dich Luft und die Möglichkeit des ungestörten Atmens?

Ich empfehle Dir, die aufkommenden Gedanken in Deinem bereits angelegten Tagebuch festzuhalten. Der Grund ist, dass vieles wesentlich tiefer verinnerlicht wird, während man schreibt. Außerdem wandern zusätzliche Eingebungen an die Oberfläche.

Auf diese einfache Art und Weise möchte ich Dir, mein treuer Leser, zeigen, dass viele Dinge, die für uns von Bedeutung sind und einen enormen Wert darstellen, bereits da sind. Sie sind überall. Schau Dich um!

Auf materieller Ebene haben wir mehr als genug, um das Leben bereits jetzt schon genießen zu können. Das einzige, was diesem Prozess im Weg steht, ist unsere verzerrte Denkweise.

Diese Barriere soll durchbrochen werden und die Dankbarkeit dient uns dabei als Axt.

Warum kriechen, wenn man fliegen kann!

Dazu folgende Erzählung:

»In Italien kursiert die Geschichte von einem Grafen, der sehr alt wurde, weil er ein Lebensgenießer par excellence war. Niemals verließ er das Haus, ohne zuvor eine Handvoll Bohnen einzustecken. Er tat dies nicht etwa, um die Bohnen zu kauen. Er nahm sie mit, um so die schönen Momente des Tages bewusster wahrzunehmen und um sie besser zählen zu können. Für jede positive Kleinigkeit die er tagsüber erlebte – zum Beispiel eine nette Konversation auf der Straße, das Lächeln seiner Frau und Lachen seiner Kinder, ein köstliches Mahl, eine feine Zigarre, einen schattigen Platz in der Mittagshitze, ein gutes Glas Wein – kurz: für alles, was die Sinne erfreut, ließ er eine Bohne von der rechten in die linke Jackentasche wandern. Manche Begebenheit war ihm gleich zwei oder drei Bohnen wert. Abends saß er dann zu Hause und zählte die Bohnen aus der linken Tasche. Er zelebrierte diese Minuten. So führte er sich vor Augen, wie viel Schönes ihm an diesem Tag widerfahren war und erfreute sich des Lebens. Und sogar an einem Abend, an dem er bloß eine Bohne zählte, war der Tag gelungen, hatte es sich zu leben gelohnt.«

(aus Horst Conen: „Optimisten brauchen keinen Regenschirm")

Es soll nicht mehr unsere Aufgabe sein, etwas zu bemängeln oder zu kritisieren. Unsere Aufgabe ist es, ab sofort nach Dingen Ausschau zu halten, die wir wertschätzen.

Alles auf dieser Welt hat zwei Seiten, wie Tag und Nacht, Himmel und Erde, Schwarz und Weiß, kalt und warm ...

Man kann nicht behaupten, dass eine Seite wichtiger oder besser ist als die andere, denn ohne einander wird keine von beiden existieren können. Somit werden wir zum Beispiel Regen und Schauer nicht mehr als schlechtes Wetter empfinden, sondern wissen, dass sie notwendig sind, um uns zu nähren und die Sonne bewusster zu genießen.

Und wenn man diesen Gedanken weiter verfolgt und es auf die Menschen überträgt, vor allem auf die, die einem etwas ›Böses‹ angetan haben, kommt es plötzlich zu einer Erleuchtung, dass ausgerechnet diese Menschen uns zu dem formten, was wir heute sind. Dank ihnen werden wir härter, stärker und wissen genau, was wir nicht wollen. Ich hatte bereits erwähnt, dass wir Menschen Schmerz brauchen, um zu lernen und geistig zu wachsen. Natürlich gibt es auch diejenigen, die zusammenbrechen und in den Selbstmitleid-Modus übergehen. Für mich persönlich kam diese Variante nie in Frage und ich bin mir sicher, für Dich auch nicht, sonst würdest Du dieses Buch nicht lesen wollen.

Übung zur Erhöhung der Energie

Egal wo Du Dich befindest, halte gezielt Ausschau nach Dingen, die Du wertschätzt und für die Du dankbar sein kannst. Nutze dafür jede Gelegenheit: wenn Du am Schalter warten musst, wenn Du Auto fährst, wenn Du Kartoffeln schälst oder eine Kuh melkst ...

Sei Dir dabei bewusst, dass alles um Dich herum keine Selbstverständlichkeit ist. Es ist dafür da, um Dein Leben zu erleichtern, aber auch, um Dich in Deiner Entwicklung zu fördern.

Diese Übung hilft Dir, die Energie, die Du durch das Eulen-Spiel anzusammeln erlernt hast, zu erhöhen und das ist notwendig, wenn wir die Qualität unseres Lebens steigern wollen. Denn das, was wir aussenden, bekommen wir vermehrt zurück. Denke an das Radio-Prinzip – ohne richtige Frequenz, kein Empfang.

Kapitel 4

Selbstliebe, ist das was zum Essen?

Lieber Leser, es gibt noch etwas, das mir sehr am Herzen liegt und das ich gerne ansprechen möchte, bevor wir mit unserer Reise fortfahren. Betrachte es als eine Ergänzung zu dem, was Du schon in diesem Buch gelesen hast. Mir ist es wichtig, dass Du es tief verinnerlichst. Deshalb ist die folgende Information mindestens ein Kapitel wert. Hier soll es um DICH gehen.

Eigentlich geht es schon die ganze Zeit um Dich, aber hier soll es konkret um die Liebe zu Dir selbst gehen.

Immer wieder stoße ich bei den Menschen auf die Problematik mit der Selbstliebe, Selbstachtung, Selbstannahme oder dem Selbstvertrauen. Meistens werden andere Menschen von uns mehr respektiert, mehr akzeptiert und mehr geliebt, als wir es mit der eigenen Person tun. Ich sage ›wir‹, weil auch ich lernen musste mich selbst mit anderen Augen zu betrachten.

Warum ist das so wichtig?

Weil das Glück nicht im Äußeren zu finden ist, sondern im Inneren und Harmonie mit sich selbst ist die Brücke dorthin.

Ezra Bayda hat das sehr weise formuliert:

»Wenn Du meinst, jemand anderes solle dafür sorgen, dass

Du Dich so fühlst, wie Du es Dir vorstellst, hast Du ein todsicheres Rezept für Enttäuschungen und Konflikte.«

Um das Bild vor dem geistigen Auge zu verdeutlichen, greife ich wieder auf das Gesetz der Anziehung zurück, das für die Vermehrung der von uns ausgestrahlter Energie in Form von Gefühlen und Emotionen zuständig ist. Daraus resultiert eine logische Schlussfolgerung:

- Wenn ich mich selbst nicht liebe, bekomme ich noch mehr davon und werde lieblos von anderen behandelt.
- Wenn ich mich selbst nicht schätze, bekomme ich noch mehr davon und werde von anderen Menschen gnadenlos ausgenutzt.
- Wenn ich mich selbst nicht respektiere, bekomme ich noch mehr davon und auch mein Umfeld behandelt mich respektlos.

Wie man erkennen kann, wird die Situation nicht gerade erfreulicher, wenn wir unseren Mangel an Selbstliebe und Anerkennung nicht in den Griff bekommen.

Warum kommt es überhaupt zu einer negativen Einstellung sich selbst gegenüber?

Meistens liegt der Ursprung in unserer Kindheit. Die Ereignisse aus dieser Zeit programmieren unsere Wahrnehmung und formen unser Verhalten.

Ich habe zu Beginn des Buches kurz beschrieben, wie es bei mir war – ich zweifelte stark an mir selbst, weil mir zu oft gesagt wurde, was ich falsch gemacht habe und weil ich zu selten gelobt wurde. Ich kannte keine der warmen Worte, die Eltern meistens ihren Kindern sagen. Ich wurde auch nicht gefragt wie es bei mir in der Schule lief, weil ich immer gut darin war, mir Respekt und Anerkennung zu erarbeiten. Ich wollte immer stark sein, um nicht schwach zu erscheinen und sehr oft spielte ich irgendeine Rolle. Ich lernte zu lügen. Doch Lügen macht schwach. Es nimmt uns unsere Persönlichkeit, nur als Kind kann man das nicht wissen. Man tut es, um besser dazustehen und um Anerkennung zu ergattern oder auch um Ärger zu entgehen.

Ein weiterer Punkt, mit dem ich sofort nach dem Tod meiner Mutter umzugehen lernte, war die ›Mitleids-Drüse‹.

Mit sechs hatte ich bereits den Bogen raus, wie ich das Mitgefühl für mich als Halbwaise von den anderen Menschen ausnutzen konnte. Diese Fähigkeit ist mir geblieben, bis ich erwachsen wurde. Nur irgendwann ging diese Angewohnheit schleichend in Selbstmitleid über, das ich dank meinem Mann aber wieder ablegen konnte. Er durchschaute das Spielchen und ging nicht mehr darauf ein.

So wurde ich geheilt von dem Selbstmitleid, das mich immer wieder in ein tiefes Loch schmiss.

Warum schreibe ich das alles? Um an meinem eigenen Beispiel zu zeigen, wie es zu der Entwicklung kommen kann, dass wir uns selbst nicht genug lieben und respektieren, was zugleich den Grund für unser geringes Selbstwertgefühl darstellt.

Natürlich wird der Hintergrund bei jedem von uns sehr individuell sein, aber die Ursache ist meistens die gleiche: Es wurde uns einfach nicht vorgelebt, wie man es besser machen kann, weil auch unsere Eltern es nicht besser wussten. Es ist eine Kettenreaktion, die nur von einem selbst durchbrochen werden kann.

Vor mehreren Jahren hatte ich mich entschlossen, kein Glied mehr in der Kette des Schmerzes zu sein. Dafür musste ich lernen mich selbst zu schätzen und so anzunehmen wie ich bin, bedingungslos und ohne Kompromisse. Zu mir zu stehen, aber trotzdem mich nicht zu wichtig nehmen. Zu diesem Schritt hat mich mein Inneres gedrängt. Das war ich nicht nur mir schuldig, sondern auch meinen Kindern. Denn mittlerweile weiß ich, dass man die Kinder nicht erziehen, sondern ihnen nur etwas vorleben kann.

Steigerung der Selbstliebe - und los geht`s!

Die entscheidende Frage, die jetzt im Raum steht, lautet:
Wie lerne ich mich selbst zu lieben und wie stärke ich mein Selbstwertgefühl?

Ich kann wiederum nur das weitergeben, das mich persönlich in dieser Hinsicht vorangebracht hat und hoffe sehr, dass auch für Dich, mein lieber Leser, etwas Praktikables dabei ist. Denn wie gesagt, wir ›ticken‹ alle doch sehr ähnlich.

Wenn man sich selbst nicht liebt, warum sollten es die anderen tun?

In erster Linie war es wichtig, meine Persönlichkeit wieder zu stärken und dafür musste ich ergründen, inwiefern ich mir selbst im Wege stehe.

Dank dem Eulen-Spiel konnte ich meine Denkweise und die damit verbundenen Verhaltensmuster, die mich immer wieder schwächten, ausfindig machen, und sie mit den Wurzeln herausreißen.

- Ich lernte **bewusst auf Signale meines Körpers zu reagieren:** wenn mein Magen sich verkrampft oder ein ungutes Gefühl über mich kommt, ist das ein klares Zeichen dafür, dass ich etwas lassen soll und ein **klares NEIN** zu einer Situation oder einem Menschen **sagen muss.**

Ja, lieber Leser, NEIN zu sagen, ist nicht immer einfach, aber dieser Schritt ist notwendig für die Erschaffung eines eigenen Freiraums, der für unsere innere Entwicklung extrem wichtig ist.

Du hast bestimmt auch Situationen erlebt, in denen man etwas tut, um gut dazustehen, aber selbst keinen Gefallen daran hat. Gefühle, die daraus entstehen, ziehen uns nach unten und je öfter wir so handeln, desto tiefer sinken wir. Das ist ein Zustand, in dem man sich sehr klein und unbeholfen vorkommt. Und das muss und darf nicht sein!

Das Fazit: Lernen NEIN zu sagen, wenn es sich richtig anfühlt. Es erspart Dir jede Menge wertvoller Energie und verschafft Dir mehr Respekt gegenüber Deiner eigenen Person. Sowohl von Dir selbst als auch von anderen.

- Außerdem **lernte ich zu meinem Wort zu stehen**, um keine leeren Versprechungen und keine falsche Hoffnungen mehr zu machen. Denn manchmal verspricht man Dinge, die oft eine geringe oder gar keine Bedeutung für einen selbst haben. Dinge, die anschließend schnell in Vergessenheit geraten. Aber bei der nächsten Begegnung mit der betreffenden Person tritt das einstige Versprechen wieder zu Tage. Eine Unannehmlichkeit, die daraus resultiert, ist das Minimum von dem was passieren kann. Das schwindende Vertrauen des eigenen Kindes, Partners oder Chefs ist das Maximum. Beides führt zu einem schlechten Gewissen, das nach und nach den Respekt gegenüber der eigenen Person erheblich schwächt.
Das Fazit: Hüte Dich vor leeren Versprechungen. Sage lieber ab, wenn etwas nicht machbar ist oder sorge dafür, dass Dein Versprechen nicht in Vergessenheit gerät. Eine Notiz im Kalender kann dabei sehr hilfreich sein.

- **Das Lügen** ist ein weiterer Punkt, der dem schlechten Gewissen zusätzliche Flügel verleiht. Grundsätzlich **sollte man sich** diese Eigenschaft **abgewöhnen**, denn die Unwahrheit schwächt einen Menschen um das Wesentliche. Sie raubt ihm seine Kraft und Energie, macht ihn klein und hindert ihn in seiner Entwicklung.
Das Fazit: Die Wahrheit macht uns innerlich stark und stolz auf uns selbst, sie stärkt unser Selbstwertgefühl um einiges.

- Noch vor ein paar Jahren war ich ein großer **Kontrollfreak**, was natürlich meiner Familie sehr zu schaffen machte. Ich patrouillierte ständig meine Kinder und engte ihren Freiraum ein, überprüfte des Öfteren die Aussagen und Handlungen meines Mannes und erlaubte mir selbst und anderen Menschen nicht Fehler zu machen. Ich war sehr eifersüchtig, ständig angespannt und machte auch die Aufgaben zu meinen, die mich nichts angingen. Ich weiß nicht, warum wir Menschen alles kontrollieren müssen, wahrscheinlich **aufgrund des mangelnden Vertrauens in das Leben und in uns selbst.**

Nur: Dieses Verhalten hat mich innerlich ausgehöhlt und in meinem Kopf herrschte das pure Chaos, das durch die Überflutung von unzähligen Gedanken, die stoßweise in meinen Kopf gelangten und die mit mir persönlich überhaupt nichts zu tun hatten, hervorgerufen wurde. Permanente Kopfschmerzen und starke Launenhaftigkeit waren in dieser Zeit untrennbar mit mir verbunden. Es machte mich nicht nur vorübergehend fertig, sondern war der sichere Weg in einen dauerhaften, depressiven Zustand.

Das Fazit: Man kann nicht gleichzeitig überall sein. Außerdem schadet übermäßige Kontrolle nicht nur uns, sondern hindert andere Menschen daran, eigene Erfahrungen zu sammeln und sich zu entwickeln.

- Ein weiterer Charakterzug, der zwischen mir und meiner Selbstliebe stand, war **mich selbst zu wichtig zu nehmen**. Das machte mich verletzlich und misstrauisch. Manchmal kam es mir sogar vor, als wäre die ganze Welt gegen mich. In Blicken, im Gelächter oder in einfachen Sprüchen sah ich ständig Angriffe gegen meine Person.

Des Öfteren gekränkt zu sein gehörte auch zu meinem normalen Befinden. Ich achtete unbewusst nur auf meine Bedürfnisse und reagierte sofort enttäuscht und eingeschnappt, wenn etwas nicht nach meinen Vorstellungen lief oder ich mich von anderen nicht verstanden fühlte. In dem Moment war ich mir selbst zu wichtig und die Bedürfnisse oder Interessen von anderen Menschen erschienen mir nebensächlich.
Das Fazit: Sich selbst zu wichtig zu nehmen resultiert aus purem Egoismus und hat mit Selbstliebe nichts zu tun. Egoismus hält uns klein und schwach, damit wir unsere Flügel nicht ausbreiten können. Um uns selbst nicht mehr wichtig zu nehmen und keine Angst mehr vor Verletzungen haben zu müssen, sollten wir versuchen, Erwartungen an das Leben und an andere Menschen abzulegen. Das Leben ist voller Überraschungen, und mit Respekt, Geduld und Demut gehen wir den richtigen Weg zu unserem Glück.

- **Gewohnheiten zu durchbrechen und eigene Grenzen auszudehnen**, empfehle ich jedem, der sich aus den alten Verhaltensmustern befreien will. Spontan zu sein bringt frischen Schwung ins Leben und man lernt neue Seiten an sich selbst kennen. Man muss nicht alles planen und es muss nicht immer alles nach dem gleichem Schema ablaufen. Das ist langweilig! Leben ist geistige und körperliche Bewegung und Leben ist Spaß. Wie kann man sich entfalten, wenn man jahrelang eingefahrene Schienen fährt? Wie kann man wachsen, wenn nichts Neues zugelassen wird?

Öffne Dich für etwas Neues, tu' etwas Verrücktes und brich aus dem inneren Käfig aus. Du wirst sehen, es macht nicht nur Spaß, sondern verleiht viel Kraft und Energie. Und es macht Dich unglaublich stolz auf sich selbst.

Das Fazit: Gewohnheiten geben uns zwar gewisse Sicherheiten, aber im Übermaß lähmen sie mit der Zeit unser Inneres. Ähnlich einem brodelnden Fluss der im Laufe der Zeit ohne Zufuhr von frischem Wasser austrocknet und zu einer stinkenden Pampe wird. Gewohnheiten zu durchbrechen funktioniert auch in kleinen Schritten.

Zum Beispiel:

• Statt mit der rechten Hand Zähne zu putzen oder einen Löffel zu halten, die linke Hand zu benutzen.

• Statt den gewohnten Weg zu nehmen, sich für einen anderen zu entscheiden.

• Statt den Abend nach der Arbeit auf dem Sofa zu verbringen, hinauszugehen, um frische Luft zu schnappen. Ein zwanzigminütiger Spaziergang kann manchmal Wunder vollbringen.

• Sich für einen Tanz- oder Malkurs anmelden, vielleicht steckt ein unentdeckter Künstler in Dir.

• Statt auf Aggression mit Aggression zu antworten, lächle zurück, gib einen Kuss auf die Stirn des anderen und verlasse das Zimmer. Dein Gegenüber wird erst einmal schockiert sein, dafür das nächste Mal bewusster mit seiner Tonwahl umgehen.

Kurz gesagt, man sollte genau dort ansetzen, wo die Gewohnheiten und die Bequemlichkeit sich anstauen. Anfangs wird es Überwindung kosten, aber das Gefühl danach ist umso schöner.

- Das Letzte, das ich gerne ansprechen möchte, das unser Selbstwertgefühl minimiert, ist **die** häufige und unbedachte **Verwendung unangemessener, schlagfertiger Ausdrücke, mit denen wir andere, manchmal sogar uns selbst verletzen.**

Eins muss klar werden – Respekt und Anerkennung sind wichtige Grundlagen auch für die Selbstliebe.

Wie kann ich mich selbst lieben und respektieren, wenn ich mein eigen Fleisch und Blut, wie z.B. das eigene Kind, auch wenn es bereits älter ist, oder Menschen, die mir angeblich wichtig sind, beschimpfe und beleidige?

Solche Situationen erlebe ich immer wieder aufs Neue und das Seltsame daran ist, dass die Menschen, denen Beleidigendes aus dem Mund schlüpft, es selbst gar nicht bemerken. Nach einem Hinweis streiten sie es gerne ab oder versuchen sich zu rechtfertigen. Für dieses Verhalten gibt es aber keine Entschuldigung, es zeigt nur, wie unsicher und schwach derjenige ist, der achtlos mit Worten umgeht.

Das Fazit: Auch Gedanken- und Wortschatzhygiene gehören dazu, wenn man sich mehr Respekt und Liebe für sich selbst wünscht. Vor allem sollte man aufhören, sich selbst und andere permanent zu kritisieren. Damit es nicht mehr automatisch passiert, sollte man auf die Bewusstheit achten. Außerdem bereiten kleine Aufmerksamkeiten in Form von warmen Wörtern und Lob deutlich mehr Freude für beide Seiten.

Wie heißt es so schön: Wie man in den Wald hineinruft, so kommt es zurück.

Mit Sicherheit gibt es noch mehr Punkte die ich aufzählen könnte, aber ich denke, wenn der Grundgedanke deutlich geworden ist, wird jeder für sich selbst in der Lage sein, die restlichen Steine aus dem eigenem Weg zu räumen, um ungehindert die Reise fortzusetzen.

Kapitel 5

Die Geduldsprobe

Ich klopfte an mehrere Türen und gab viel Geld für Wahrsager und Astrologen aus, während ich nach Antworten suchte. Meistens wurde mir gesagt, wie toll mein Leben sein wird, aber keiner konnte mir eine Anleitung geben, was ich anstellen sollte, damit es endlich toll wird.

Während des Schreibens muss ich über mich selbst schmunzeln. Wie konnte ich bloß nicht begreifen, dass ich nicht im Äußeren, sondern im Inneren suchen musste?

Vielleicht, weil es bequemer gewesen wäre, nicht selbst etwas für die Veränderung beitragen zu müssen und zu hoffen, dass die anderen das für einen erledigen. So können Jahre vergehen oder auch das ganze Leben.

Wie gut, dass ich doch die Kurve gekriegt habe! Heute genieße ich mein Leben in vollen Zügen. Wohl gemerkt, ich bin sehr glücklich mit demselben Mann, den ich noch vor ein paar Jahren so gut wie gehasst habe. Diese Tatsache bestätigt die Aussage, dass sich alles um einen herum wandelt, sobald man sich selbst verändert.

Diese Veränderung ist ein Prozess und jeder Prozess braucht seine Reifezeit. Ich musste lernen geduldiger zu werden und mir Zeit bei meiner Entwicklung lassen. Ich weiß noch genau, wie ich eine Krise bekam, wenn mir gesagt wurde, dass ich, um etwas zu lernen, es zu verinnerlichen und darin gut zu sein, gewisse Zeit brauchen würde. Ich wollte am liebsten sofort ein Resultat zu Gesicht bekommen oder Dinge auf der Stelle umsetzen können. Natürlich waren Enttäuschungen vorprogrammiert wenn es nicht auf Anhieb klappte und das Angefangene wurde wieder abgebrochen, weil es mir einfach zu lange dauerte. So drehte ich mich ständig im Kreis, bis ich ermüdet und erschöpft war. Erst, als ich losließ, mich entspannte und die Kontrolle aufgab, fiel mir auf, dass der Prozess bereits lange im Gange war und nur ich selbst mir im Weg gestanden hatte mit meiner Verkrampftheit und meinen permanenten Erwartungen.

Was die Erwartungen angeht – damit beschränken wir uns nur selbst, denn das, was das Leben für uns geplant hat, übertrifft meist all unsere Erwartungen. Vorausgesetzt, wir haben so viel Vertrauen und lassen los.

Um den Reifeprozess besser zu verstehen, braucht man nur die Natur anzusehen, denn dort finden wir genügend Beispiele, wie lebenswichtig Geduld und Vertrauen sein können.

Um dies bildlich vor Augen zu führen und meine Aussage zu unterstreichen, habe ich mir einen Abschnitt aus Deepak Chopras Buch ›Feuer im Herzen‹ zu Hilfe geholt.

Hier erzählt Baba dem Jungen eine Geschichte:

»›Eines Tages, als ich ein Junge war, brachte mein Vater einen Zweig mit einer Schmetterlingspuppe nach Hause und band ihn an einen niedrigen Strauch vor unserem Tor. Ich hatte noch nie einen Schmetterling aus seinem Kokon schlüpfen sehen, und jeden Tag wachte ich aufgeregt auf und dachte, heute wäre es endlich soweit.

Zwei Wochen vergingen, und als ich eines Morgens aufstand und sah, wie der Zweig zitterte, da war ich außer mir vor Ungeduld. Bald schien der dunkle Kopf eines Insektes, und dann unter großen Mühen der Körper. Der neue Schmetterling war sehr schwach. Geboren zu werden hat ihn vollkommen erschöpft.

Ich beobachtete ihn, wie er sich am Zweig festhielt. Er war so schwach, dass er seine Flügel nicht entfalten konnte. Sie waren durchnässt und zerknittert wie zusammengeknülltes Seidenpapier. Ich hatte Mitleid mit dem armen Geschöpf und blies seine Flügel an, um sie zu trocknen. Ich blies und blies, und dann passierte etwas Schreckliches: Ich blies so stark, dass ein Flügel einen Riss bekam.‹

›Was hast Du dann gemacht?‹, fragte der Junge und sah in seiner Vorstellung den verkrüppelten Flügel.

›Da gab es nichts zu tun‹, sagte Baba. ›Ich musste zuschauen, bis der zerrissene Flügel trocknete und der Schmetterling davonhinkte. Er konnte kaum fliegen. (...) Das Ganze lehrte mich etwas, was ich nie vergaß. Die Natur weist dem Schmetterling einen Zeitpunkt zu, an dem sich seine Flügel entfalten, und niemand, nicht einmal der mächtigste aller Herrscher, verfügt über die Macht, die Geburt eines Schmetterlings zu beschleunigen. Die Natur weiß, wann der beste Zeitpunkt gekommen ist.

Auch Deine Seele weiß, wann Deine Zeit kommt, und sie führt Dich Schritt für Schritt.‹«

Auch in meinen Beratungen ist das Thema Geduld immer präsent und aktuell, denn die meisten Menschen sind nun mal sehr ungeduldig. Sie verzweifeln, wenn ihnen etwas zu langsam vorkommt oder nicht nach ihren Vorstellungen abläuft. Meistens dann will man etwas dagegen unternehmen und handelt aus Übermut und mangelhaftem Vertrauen. Der Schuss geht oft nach hinten los und hinterlässt große Schäden, die man leider nicht mehr rückgängig machen kann.

Und wie lerne ich geduldiger zu sein?
Eine Antwort, die ich für mich herausgefunden habe, lautet: indem man Vertrauen zum Leben entwickelt und sich auf das Wesentliche konzentriert, nämlich – sich selbst!

Also, jeder von uns hat ein eigenes Tempo, mit dem wir im Leben vorankommen. Für den einen reicht eine einmalige Erfahrung aus, um daraus zu lernen, und der andere braucht mehrere Anläufe, um etwas zu begreifen. Nur – statt sich zu fragen, warum es ausgerechnet immer wieder einem selbst passieren muss und sich dabei zu bemitleiden, sollte man innehalten und das eigene Verhalten hinterfragen oder einfach nur beobachten.

»Was will mir das Leben mit dieser wiederkehrenden Situation sagen?« Diese Frage stellte ich mir. Allerdings erst, als ich es satt hatte in der sogenannten Negativitätsfalle zu sitzen. Ich hatte mehrere Anläufe gebraucht, bis ich so weit war, mir darüber Gedanken zu machen.

Manchmal ist die Abkürzung der längere Weg.

Mehrere Erfahrungen, die ich damals als negativ betrachtete, habe ich gebraucht, sonst hätte ich mit diese Frage wahrscheinlich nie gestellt. Und ohne Fragen gibt es keine Antworten.

Erst als ich anfing mein Verhalten und meine Denkweise zu beobachten und zu hinterfragen, fiel mir die Kettenreaktion der Geschehnisse auf, die danach ziemlich logisch erschien. Durch das Beobachten lernte ich die Dinge mit anderen Augen zu sehen, ich lernte loszulassen, lernte zu vertrauen. Früher, als ich noch ein Kontrollfreak war, konnte ich nicht vertrauen. Bis ich begriff, dass ich bei mir bleiben muss und nur bei mir selbst, in meinem Inneren, etwas verändern kann, wenn ich eine Veränderung im Äußeren wünsche.

Eine Null sein

Das Loslassen und das Vertrauen waren für mich persönlich keine einfachen Schritte und sie haben viel Zeit in Anspruch genommen. Lieber Leser, kennst Du das Gefühl, wenn man einen Schritt nach vorne macht und drei zurück? So ging es mir damals. Denn etwas in mir hat geklammert und weigerte sich weiterzugehen. Eingesessene Ängste und Zweifel, mit denen wir uns im nächsten Kapitel beschäftigen werden, lähmten mein Inneres. Mit dem Bewusstsein von heute wäre das sicherlich kein Problem mehr, aber zu der Zeit hatte ich ordentlich mit mir zu kämpfen.

Verehrter Leser, ich weiß, dass auch Du nach Auswegen suchst, sonst hättest Du es nicht nötig, Bücher wie dieses zu lesen. Sei Dir bitte bewusst, dass Du in keinem Buch, egal wie gut es ist, etwas wirklich Neues finden wirst. Alles, was Du wissen musst, ist bereits in Dir. Das Maximum, das ich und andere Menschen für Dich tun können, ist Dir zu helfen, Dich zu erinnern und Dir Mut zu machen, weiterzugehen. Du, genau wie ich damals, hast wahrscheinlich vergessen, was für ein tolles und starkes Individuum Du bist. Ständig kreisende Gedanken und selbst produzierter Stress weben sich um unser Bewusstsein und halten uns klein und hilflos.

Schluss damit!

Entscheide Dich bewusst für die innere Freiheit!

Schiebe Dein Urteilsvermögen, sämtliche Erwartungen und Zweifel zur Seite. Wenn man nichts mehr erwartet und stattdessen in vollen Zügen Dinge genießt die bereits da sind, ob auf materieller oder mentaler Ebene, dann beschenkt uns das Leben reichlich oben drauf. Auch hier tritt das Gesetz der Anziehung in Kraft: Gedanken der Dankbarkeit und Zufriedenheit, die Du bewusst und somit verstärkt aussendest, ziehen noch mehr Dinge, Begegnungen oder Ereignisse, für die wir zufrieden und dankbar sein können, an uns heran.

Einen Zustand ohne Erwartungen nenne ich ›Null-Zustand‹. Wie wir alle wissen, ist die Null eine Ausgangsposition für die Unendlichkeit. Also, warum soll ich mich auf weniger beschränken, indem ich etwas erwarte, wenn das Leben mir wesentlich mehr bieten kann? Meine Aufgabe ist nur, mich zu öffnen und zu lernen, eine Null zu sein.

Erwarte nichts und bekomme alles!

Wenn mir jemand noch vor paar Jahren gesagt hätte, dass ich eine Null bin, wäre ich ganz schön beleidigt gewesen. Denn eine Null bedeutete für mich ein Niemand zu sein. Heute ist es für mich das größte Kompliment, denn es hat lange genug gedauert, bis ich diesen geistigen Zustand erreicht habe. Und heute wird keiner mehr behaupten können, dass ich eine Null bin, weil ich die Ausstrahlung eines Menschen habe, der im Leben reichlich beschenkt wurde und das stimmt auch, nur war ich früher zu blind, um das so zu sehen.

Nichts mehr vom Leben zu erwarten, heißt aber nicht, keine Wünsche mehr zu haben. Dieses Buch zu schreiben, war zum Beispiel ein inniger Wunsch von mir. Der Unterschied zwischen einer Erwartung und einem Wunsch ist enorm, obwohl wir Menschen beides oft verwechseln. Das liegt daran, dass wir bei Erwartungen auf fremde Energien angewiesen sind und bei Wünschen auf unsere eigenen. Mehr darüber erfährst Du im letzten Kapitel, denn dort geht es ans Eingemachte. Es geht um Deine schöpferische Kraft und stärkste Energie, die Du als Mensch in Dir trägst und mit der Du in der Lage bist, Dein Leben vollständig zu verändern und zum glücklichsten Menschen der Erde werden.
Ich übertreibe keineswegs und die Verwandlung meines Lebens ist das beste Beispiel dafür. Ich bin mehr als überzeugt, dass auch Du, verehrter Leser, Deine Metamorphose-Phase durchstehen, Dich in einen wunderschönen Schmetterling verwandeln und jeden einzelnen Augenblick Deines Daseins restlos auskosten und genießen wirst.

Wir haben gesehen, dass wir hierfür lernen müssen, dem Leben zu vertrauen und Geduld aufzubringen. Im nächsten Schritt müssen wir versuchen zu verstehen, auf welche Weise wir unserem Glück selbst im Wege stehen. Damit fahren wir im folgenden Kapitel fort.

Kapitel 6

Erkennen statt therapieren

Ich erinnere mich an ein lange zurückliegendes Gespräch mit einer weisen Frau, die mich aufgrund meiner damals aktuellen Probleme mit meinem Ehemann fragte, ob ich meinem Vater bereits verziehen hätte. Ich guckte sie verwirrt an und verstand nicht, was die Krise in meiner Ehe mit meinem verstorbenen Vater zu tun haben könnte. Sie sagte nur: »Sehr viel!«

Ich versicherte ihr, schon längst alles vergessen und verziehen zu haben. Dabei kullerten aus meinen Augen ein paar verräterische Tränen hinunter, was mich noch mehr irritierte. Nur die Frau schien gelassen zu sein und wartete geduldig, bis ich mich beruhigt hatte. Als ich mich mit dem Satz entschuldigte: »Ich weiß nicht, warum ich gerade geweint habe«, ließ sie mich wissen, dass das Unterdrückte in mir sich wieder gemeldet hätte. Es habe gerade die Form von Tränen angenommen, manchmal nähme es die Form von verletzenden Worten an. Sie erklärte mir, wie ich diese unterdrückten Emotionen unbewusst meinem Mann zuwandte und auf ihn meine Verbitterung, die im Inneren an meinen Vater gerichtet war, projizierte.

»Das will ich doch gar nicht! Aber jetzt, wo Sie mich darauf hinweisen, wird mir einiges klar.

Die Wahrheit heilt.

Das ist wie ein Teufelskreis und die Gefühle von damals verfolgen mich heute noch.« Die Erkenntnis war sehr schockierend. »Wie kann ich das ändern?«, wollte ich dann unbedingt wissen.

»Indem Du Deinem Vater vergibst«, antwortete sie nüchtern. Nur – wie sollte ich das machen, da ich ja der Meinung gewesen war, ihm bereits verziehen zu haben?

Sie führte ein Vergebungsritual mit mir durch, bei dem ich fürchterlich weinte. Danach verspürte ich eine große Erleichterung, wusste aber nicht, ob die innere Verbitterung sich vollständig gelöst hatte. Sie sagte mir nur, dass ich es herausfinden würde. Diese Frau habe ich seitdem nie wieder gesehen, bin ihr aber zutiefst dankbar für diese wichtige Lektion.

Die Kraft des Vergebens

Jetzt, wo Du, mein treuer Leser, mit jedem Augenblick selbstbewusster wirst und Deine innere Kraft zunimmt, finde ich, dass es an der Zeit ist, Dich mit Themen zu konfrontieren, die sehr wichtig für unser menschliches Dasein sind, auch wenn diese nicht immer angenehm sind.

Die meisten Menschen versuchen leidige Erinnerungen und alte Prägungen im tiefen Inneren zu begraben, zu verdrängen oder einfach zu vergessen, um sich damit ja nicht beschäftigen zu müssen. Diese Art von Problemlösung funktioniert nur bedingt und auch nur für kurze Zeit.

In der Regel kommt das Alte und Unverarbeitete **immer wieder** an die Oberfläche, und von Mal zu Mal wird die

Wucht, mit der es auftaucht, stärker und deshalb schmerzhafter und zerstörerischer.

Der einzige Weg, den ich für mich als Lösung erkannt habe: mich den Lasten, die meine Entwicklung behindern und mich vom Glück abbringen, zu stellen, um ein für alle Mal damit abzuschließen.

Ich muss offen und ehrlich zugeben, dass der Schritt, sich eigenen Ängsten und alten Glaubensmustern zu stellen, mich viel Mut gekostet hat. Ich dachte, dass dies eine schreckliche Erfahrung sein würde, aber da wartete eine Überraschung auf mich...

Ich habe viel an mir gearbeitet und heute kenne ich das volle Ausmaß der Bedeutsamkeit von Vergebung.

Wenn wir zerstörerische Emotionen der Verbitterung in uns tragen, sie wachsen und gedeihen lassen, schaden wir in erster Linie uns selbst und der eigenen Familie, indem wir sie unseren Frust spüren lassen.

Mein lieber Leser, lass es bitte nicht zu, dass Groll, Hass und Wut auf andere Menschen, egal was sie Dir angetan haben, Dich innerlich nach und nach zersetzen. Denn genau das geschieht in Deinem Inneren, solange Du diese Gefühle in Dir trägst.

Ich kenne zum Beispiel Personen, die sehr liebenswert sind und keiner Fliege etwas zu Leide tun könnten, die aber eine große Last an zerstörerischen Emotionen in sich tragen und nicht bereit sind, sie in Form von Vergebung abzulegen.

Wer loslässt, gewinnt Vertrauen an sich selbst und an das Leben, von dem man immer aufgefangen wird.

Diese Menschen wurden sehr krank, denn der Virus der Verbitterung nagte in ihrem Inneren. Er zerfrisst nicht nur die Psyche, sondern auch die Organe.

Auf diese Weise ging meine Mama von uns und ich selbst war auf dem Weg sehr krank zu werden.

Ich möchte hier niemandem Angst einjagen. Mein Ziel ist es, Dich auf Dinge hinzuweisen, die Dich innerlich blockieren und vom Glücklich-Sein abhalten, und gleichzeitig ein Sprungbrett anzubieten, mit dem Du diese Barriere selbstständig überwinden kannst.

Im Folgenden beleuchte ich zwei Praktiken wie man loslassen und verzeihen kann, die sich durch mein Erproben als sehr effektiv erwiesen haben.

Die erste Methode:

Vergeben durch Verstehen

Ich lernte zu verstehen, dass ein glücklicher Mensch einfach nicht in der Lage ist, einen anderen auf irgendeine Art und Weise zu verletzen. Außerdem hat er es nicht nötig sich durch andere Menschen zu bestätigen um sich besser zu fühlen, da sein Inneres mit wundervollen Eigenschaften wie Zufriedenheit, hohem Selbstwertgefühl, Freude am Leben, Vertrauen usw. erfüllt ist. Genau das strahlt eine glückliche und zufriedene Person aus.

Doch was strahlt die Person aus, lieber Leser, der Du in Deinem Innersten etwas nachträgst und der Du vielleicht auch die Schuld für Dein Leiden gibst? Strahlt sie Glück aus?

Weißt Du, ob dieser Mensch genügend Liebe in seinem Leben erfahren hat? Konnte dieser Mensch sich frei entfalten oder musste er das tun, was von ihm verlangt wurde? Hat er als Kind harmonische Beziehungen vorgelebt bekommen, die auf gegenseitigem Respekt und Anerkennung basierten?

Wenn Du diese Fragen überwiegend mit NEIN beantwortet hast, frage ich Dich: Wie kannst Du jemandem der so arm an Liebe, so unglücklich mit sich selbst und seinem Leben ist, etwas verübeln? Wie kann man von einer Person etwas erwarten, was sie selbst nicht hat oder nicht kennt? Es wäre so ähnlich, wie von einem Hungerleidenden zu erwarten, dass er in der Lage sein muss, mit seinen Brotkrümeln andere zu ernähren.

Durch das Verstehen dieser Zusammenhänge löst sich alte Verbitterung meistens auf und man bekommt einen neuen Blick für die Gesamtsituation.

Die zweite Methode:

Praktischer Teil - Bereinigungsmethode

Die folgende Übung empfehle ich als Ergänzung zu der ersten Methode, um die Intensität des Resultates innerlich zu bekräftigen.

Sorge dafür, dass Du eine gute Stunde ungestört bleibst. Schaffe Dir eine für Dich angenehme Atmosphäre, in der Du Dich wohlfühlst: Kerzenlicht, schöne Musik oder ähnliches. Setze Dich bequem hin und schließe Deine Augen. Durch ein paar tiefe Atemzüge wirst Du innerlich ruhiger werden.

Jetzt stelle Dir vor Deinem geistigen Auge Deine Mutter vor.

Sie schaut Dir in die Augen und lächelt Dich an. Lächle zurück und sage innerlich oder laut: »Liebe Mama, ich verzeihe Dir alles, was Du mir bewusst oder unbewusst angetan hast. Mit meinem jetzigen Bewusstsein verstehe ich, dass Du nur mein Bestes wolltest und mir alles gegeben hast, was in Deiner Macht und Kraft war. Ich danke Dir dafür von ganzem Herzen!

Bitte verzeih auch Du mir alles, was ich Dir bewusst oder unbewusst angetan habe und all die Schuld, die ich Dir je gegeben habe. Ich liebe Dich sehr, meine liebe Mama.«

Mit diesen kraftvollen Worten bereinigst Du alle Anspannungen, Unverständnisse und alle andere negativen Neigungen, die je zwischen euch beiden gestanden haben. Dabei ist es unwichtig, wo diese Person sich befindet. Alles was zählt, ist die Energie, die euch auf alle Ewigkeiten miteinander verbindet.

Wenn Du das Gefühl hast, dass Du mit Deiner Mutter alles geklärt hast, gehe zu Deinem Vater über und beginne erneut:

Visualisiere Deinen Papa vor Deinem geistigen Auge, stelle Dir vor, wie er Dich anlächelt. Wenn Du soweit bist, sag ihm, dass Du ihm vergibst und nicht mehr böse auf ihn bist. Dass Du jetzt sein Verhalten nachvollziehen kannst und ihn besser verstehst.

Sag wie dankbar Du ihm für Dein Dasein bist, denn ohne ihn wäre dieses Dasein gar nicht möglich gewesen.

Bitte auch ihn um Vergebung von all Deinen unangenehmen Gedanken, Wörtern und Taten, die bewusst oder unbewusst gegen ihn gerichtet waren. Wenn Du das Gefühl hast, alles bereinigt zu haben, umarme ihn in Gedanken und sag, dass Du ihn lieb hast.

Hab keine Scheu dabei und vergiss bitte nicht, dass Deine Eltern ein Symbol für die Balance von männlicher und weiblicher Energie in Deinem Inneren darstellen. Sie sind ein Teil von Dir und Du bist ein Teil von ihnen.

Wenn Du mit Deinem Papa fertig bist, gehe zu Gott über. Es ist ebenfalls wichtig, auf dieser Ebene Klarheit zu schaffen, weil wir auch seine Kinder sind.

Die Energie Gottes kann sich jeder ganz individuell vorstellen. Wichtig ist, dass diese Vorstellung einen persönlichen Bezug zu ihm darstellt. Auch Deinem himmlischen Vater kannst Du alles vergeben und ihn um Vergebung bitten, ihm danken und Deine Liebe ausdrücken. Er hat es genauso verdient wie Deine Eltern, denn auch er will nur das Beste für Dich, selbst wenn Du das manchmal anders gesehen hast.

Auf diese Art und Weise kannst Du jeden Menschen durchgehen, mit dem ein ungeklärtes oder schwieriges Verhältnis besteht.

Es kann eine gewisse Zeit in Anspruch nehmen, aber das ist es wert, weil es Dich von den negativen und selbstzerstörerischen Emotionen befreit, die Du danach nicht mehr an Deine Kinder weiterleiten wirst.

Kannst Du Dich noch erinnern, lieber Leser? Unsere Kinder können wir nicht wirklich erziehen, wir können ihnen aber etwas vorleben. Denk einfach an Deine Kindheit zurück und an den Packen von Emotionen, den Du von dort mitgenommen hast und frage Dich selbst, was von diesem Packen Du Deinem Sprössling mitgegeben hast.

Für mich war das Grund genug, um eine Beseitigung von alten Lasten durchzuführen. Schließlich wollte ich nicht nur selbst glücklich sein, sondern auch meine Kinder glücklich aufwachsen sehen.

Der innere Widerstand

Auf dem Weg zu sich gibt es einige Hürden, die man überwinden muss, um ans Ziel zu gelangen. Ich finde, dass Du bereits sehr weit gekommen bist. Du hast sicherlich gemerkt, je mehr sich das Ziel nähert, desto steiler und schwieriger wird es sich fortzubewegen. Dein Ego fühlt sich zunehmend bedroht und wird alles in Bewegung setzen, damit Du ja nicht weiter liest und zum Nachdenken kommst. So war es oft bei mir, kurz bevor ich zu irgendeiner grundlegenden Erkenntnis kam. Mein innerer Wächter (das Ego) hat sich gewehrt und versuchte meine Aufmerksamkeit auf Dinge zu lenken, die zu dem Zeitpunkt für mich weniger von Bedeutung waren. Nur dank des ausgeprägten Antriebs, der deutlich stärker war, bin ich am Ball geblieben und setzte die Reise fort.

Lieber Leser, Deine Intuition und Dein Herz begleiten Dich auf Deiner Reise, somit wisse, Du bist nicht allein, vertraue den Gefühlen, die von ihnen ausgesendet werden.

Je aktueller das Thema, desto größer der innere Widerstand.

Einiges, das Du hier liest, wirst Du locker aufnehmen, was bedeuten kann, dass Du diese Etappe bereits durchgemacht und vielleicht schon damit abgeschlossen hast. Bei gewissen Vorgängen kannst Du in Deinem Inneren einen Widerstand verspüren, der Dich auf Themen hinweist, die aktuell Dein Leben bestimmen und noch nicht bereinigt sind.

Kurz zusammengefasst: Je aktueller das Thema für Dich ist, desto größer der innere Widerstand. Das ist, als würde man auf eine Wunde drücken, die umso mehr schmerzt. Was passiert, wenn man die Wunde nicht verarztet und rechtzeitig vom Schmutz befreit? Richtig, eine Entzündung ist vorprogrammiert.

Widerstand hat viel mit Ablehnung zu tun. Diese Ablehnung kann in unserem Leben ein riesiges Hindernis darstellen, das wir nicht in der Lage sind zu überwinden, solange wir diese Ablehnung nicht erkennen. Da dieses Hindernis aus Emotionen besteht, ist es mit physischen Augen nicht sichtbar. So wird ein gewisser Lebensbereich blockiert, in dem keine Entwicklung stattfindet und der uns immer unzufriedener macht und permanent zurückwirft.

Vergeblicher Kampf gegen den Lebensfluss

In meinem Leben leistete ich oft Widerstand aufgrund von Ablehnung.

Ich konnte damals nicht verstehen, dass alles, was mir nicht gefiel, ein deutlicher Hinweis auf meine innere Baustelle war.

Klar ist es leichter einem anderen Menschen die Schuld für das eigene Unglück zu geben oder sich über etwas zu beschweren, das nicht nach eigenen Vorstellungen läuft. Auf dieser Schiene war ich lang genug gefahren und wurde immer wieder in die Ausgangsposition zurückgeworfen, als ob mir jemand sagen wollte: Aufgabe nicht gelöst, gehe zu Deinem Platz zurück und denke nach. Ich wollte aber nicht nachdenken oder genauer gesagt, ich wusste nicht, dass man damit weiterkommen kann. Damals war Angriff meine Verteidigung und das hat mich fast meine Ehe gekostet. Wenn ich es zugelassen hätte, wäre mit einem anderen Partner innerhalb von kurzer Zeit eine ähnliche Situation entstanden, die mich wieder sehr unglücklich gemacht hätte. Warum? Weil ich meine innere Baustelle in die neue Situation mitgenommen hätte, statt mich damit auseinanderzusetzen, um die alte Situation zu retten. Zum Glück habe ich es getan und heute bin ich sehr dankbar für die Hinweise, die mein Inneres durch den Widerstand ausgesendet hat.

Das Leben zeigt uns oft, dass es immer noch schlimmer werden kann. Der Vergleich zwischen damals und jetzt ist manchmal sehr nützlich, damit wir eine Kettenreaktion oder auch logische Entwicklung darin erkennen.

Im tiefsten Inneren wollte ich nur das Eine:
gut genug für diese Welt sein, um geliebt
und angenommen zu werden.

Ich lernte den Fluss des Lebens zu spüren, ihm zu vertrauen und mich von ihm treiben zu lassen. Das gelang mir erst dann, als ich anfing bewusster zu leben (Eulen-Spiel) und lernte zu verstehen, welche Emotionen in mir die Reaktionen meines Gegenübers ausgelöst hatten.

Mir wurde klar, dass hinter meiner Wut, Verzweiflung und Aggression ein kleines, verunsichertes Mädchen stand, das in meinem Inneren lebte. Das verschreckte Mädchen hatte immer das Bedürfnis sich zu schützen (Widerstand zu leisten), damit man ihm nicht noch mehr Schmerzen zufügen konnte, als es bereits erlitten hatte. Im tiefsten Inneren wollte es nur das Eine: gut genug für diese Welt sein, um geliebt und angenommen zu werden.

Dass ich nicht gut genug wäre und nicht verdient hätte geliebt zu werden, ist eine der größten Täuschungen, die ich über viele Jahre in mir getragen habe.

Eines Tages schaute ich mich im Spiegel an, lächelte mir zu und versank für eine ganze Weile in der Tiefe meiner Augen. In dem Blick spürte ich eine ungeheure Stärke, die sich allmählich in meinem gesamten Körper ausbreitete, und plötzlich stieg eine Wucht an Wut auf mich selbst in mir hoch.

Wie konnte ich bloß so blind sein, nicht zu erkennen, dass alles, was ich im Äußeren gesucht hatte, sich bereits in meinem Inneren befand?

Die Tränen der Erkenntnis und Freude liefen mein Gesicht hinunter. Ich fühlte mich befreit aus dem Käfig des Widerstandes, in den ich mich selbst eingesperrt hatte.

Es soll nicht mehr unsere Aufgabe sein, sich auf Dinge zu fokussieren, die uns nicht gefallen, denn in allem, was uns widerfährt, verbirgt sich ein tieferer Sinn. Der Trick besteht darin, ihn zu erkennen. Die Situation will uns ein Geschenk in Form einer Erfahrung geben, die uns weiser und stärker macht und uns somit auf die nächste Etappe des Lebens vorbereitet. Und was machen wir? Wir stemmen uns dagegen, lernen nichts daraus und provozieren die Situation aufs Neue.

Es entsteht ein Teufelskreis, der mit der Zeit so eng wird, dass uns die Luft zum Atmen fehlt.

Auflösung des Widerstandes

Der Widerstand und die Ablehnung haben, wie wir gesehen haben, meistens etwas mit dem eigenen Selbst zu tun und mit unseren Erwartungen an andere Menschen. Diese nicht erfüllten Erwartungen führen zu Enttäuschungen und diese Enttäuschungen wieder zum Widerstand. Ein Kreislauf!

Um diesen Kreislauf zu durchbrechen, sollte man sich bewusst Dinge vor Augen halten, die einem nicht gefallen und die man gerne verändern will. Am besten kannst Du das, indem Du es schriftlich in Deinem Tagebuch notierst.

Zuerst schreibe auf, was Du nicht magst, zum Beispiel:

Mir gefällt nicht, dass...

- ich nicht abnehmen kann
- mein Partner oft schlecht drauf ist
- meine Kinder mangelnden Respekt vor mir haben
- meine Arbeit keinen Spaß mehr bereitet
- ich so oft schwach und energielos bin
- ich Angst vor Veränderungen habe...

Und jetzt wende die Münze und programmiere dieselben Situationen komplett um. So könnte es dann aussehen:

- Ich bedanke mich für die großartige Rund-um-die-Uhr Leistung meiner Organe, für den kompromisslosen Schutz und die unerschöpfliche Geduld, die mein Körper mir jeden Tag gewährt. Ich liebe meinen intelligenten Organismus, der in der Lage ist, sich innerlich selbstständig von allem zu reinigen, was schädlich für ihn ist und ich werde ihn dabei mit ausgewogener Ernährung und ausgiebig Bewegung unterstützen.

- Mein Partner ist ein warmherziger Mensch mit tollem Humor. Ich bin fasziniert von seinen Stärken, wie z.B. Fürsorge, Durchsetzungsvermögen, Zuverlässigkeit, Treue, handwerkliches Geschick ... Ich bedanke mich bei ihm, dass er mich mit seinem Verhalten auf die Verzerrung meiner Wahrnehmung hinweist.

- Ich liebe meine Kinder sehr und bedanke mich bei ihnen, dass sie mir mit ihrem Benehmen zeigen, wie inkonsequent und bequem ich in meinem Verhalten gegenüber anderen Menschen und mir selbst bin. Ab sofort halte ich alles durch, was ich angefangen habe, wähle meine Wörter mit Bedacht und gebe keine leeren Versprechungen mehr. Ich lerne mich selbst mehr zu schätzen und klare Grenzen aufzuzeigen.

- Mein Job ermöglicht mir die Erfüllung unzähliger Bedürfnisse und Wünsche. Dank ihm kann ich meine Existenz bestreiten. Nur mit dieser Sichtweise trete ich ab sofort an meine Tätigkeit heran und werde jeden Moment bewusst nach den Dingen Ausschau halten, die ich wertschätzen kann. Menschen, die mich dabei umgeben, sind nett und hilfsbereit.

- Von nun an werde ich gedanklich im gegenwärtigen Moment bleiben und mich nur auf das fokussieren, das bedeutend für mich ist. Durch das bewusste Beobachten und das Ablegen jeglicher Wertung erlange ich eine neue Sicht auf gewisse Situationen und das Leben. Ich bin lernbereit, offen für neue Erfahrungen und lasse das Alte los. Meine wertvolle Lebensenergie bleibt bei mir und gedeiht mit jedem Moment mehr. Ich fühle mich von Tag zu Tag besser, ich vertraue dem Fluss des Lebens und hege keine Zweifel und Widerstände mehr.

Sag „Ja" zum Leben!

- Ich bin eine tolle und starke Persönlichkeit. Glücklich-sein ist mein Geburtsrecht. Ich bestehe auf dieses Recht und nehme alles vom Leben, was mir zusteht. Ich bin nicht mehr bereit, mich mit wenig zufrieden zu geben, wenn ich mehr bekommen kann. Somit öffne ich mich für den Fluss des Lebens und lasse mich auf zukünftige Veränderungen ein. Denn Leben heißt Bewegung, Bewegung bedeutet Wachstum und Wachstum ohne Veränderungen ist nicht möglich.

Mein verehrter Leser, diese Beispiele sollen Dir helfen, das Prinzip des Umprogrammierens besser zu verstehen. Über Jahre hinweg haben wir uns unbewusst auf viele destruktive Vorsätze eingelassen und sie gelebt, ohne sie zu hinterfragen. Darum blieb uns oft eine andere Seite des Lebens im Unbewussten verborgen.

Folgende Geschichte weist uns auf bedeutende Aspekte von uns selbst hin, die häufig als Mangel angesehen statt als persönliche Stärke erkannt werden.

Der Sprung in der Schüssel

Es war einmal eine alte chinesische Frau, die zwei große Schüsseln hatte, die von den Enden der Stange hingen, die sie über ihren Schultern trug. Eine der Schüsseln hatte einen Sprung, während die andere makellos war und stets eine volle Portion Wasser fasste. Am Ende der langen Wanderung vom Fluss zum Haus der alten Frau, war die andere Schüssel jedoch immer nur noch halb gefüllt. Zwei Jahre lang geschah dies täglich: Die alte Frau brachte immer nur eine und eine halbe Schüssel

Wasser mit nach Hause. Die makellose Schüssel war natürlich sehr stolz auf ihre Leistung, aber die arme Schüssel mit dem Sprung schämte sich wegen ihres Makels und war betrübt, dass sie nur die Hälfte dessen verrichten konnte, wofür sie gemacht worden war.

Nach zwei Jahren, die ihr wie ein endloses Versagen vorkamen, sprach die Schüssel zu der alten Frau: »Ich schäme mich so, wegen meines Sprungs, aus dem den ganzen Weg bis zu Deinem Haus immer Wasser läuft.« Die alte Frau lächelte und sprach: »Ist Dir aufgefallen, dass auf Deiner Seite des Weges Blumen blühen, aber auf der Seite der anderen Schüssel nicht? Ich habe auf Deiner Seite des Pfades Blumensamen gesät, weil ich mir Deines Fehlers bewusst war. Nun gießt Du sie jeden Tag, wenn wir nach Hause laufen. Zwei Jahre lang konnte ich diese wunderschönen Blumen pflücken und den Tisch damit schmücken. Wenn Du nicht genauso wärst, wie Du bist, würde diese Schönheit nicht existieren und unser Haus beehren.«

(Asiatische Weisheit, Autor unbekannt)

Dunkle Flecken im bunten Bild des Lebens

Die Reise nach innen vergleiche ich gerne mit der Gestaltung eines wunderschönen Kunstwerkes. Ich bin der Künstler und meine Gedanken, Emotionen, Gefühle sind die Farben, mit denen ich mein Leben kreiere. Da ich eine große Vorliebe für das Bunte habe, achte ich darauf, dass die dunklen Farben, vor allem schwarz, besonders fein aufgetragen werden. Früher hat das Dunkle in meinem Werk des Lebens dominiert, heute ist es eine farbenfrohe Mischung mit präzisen schwarzen Linien. Mein Ziel ist es, dass auch Dein Bild aus leuchtend kunterbunten Tönen besteht.

Zum Abschluss dieses Kapitels möchte ich gezielt noch ein Thema erwähnen, das sich auf unserem Gemälde durch dunkle, unkontrollierte Flecken erkennbar macht, die das komplette Bild als misslungen erscheinen lassen.

Ich spreche von Ängsten.

Ein gesundes Maß an Angst ist menschlich und kann überlebensnotwendig sein. Aber es gibt auch eine unbewusste Angst, die mit uns großteils nichts zu tun hat, die wir jedoch als einen Bestandteil unserer selbst aufgenommen haben und durch unser Leben tragen. So entstehen dicke, fette, schwarze Striche in unserem Bild, die unsere Mühe als Künstler zunichtemachen. Aber auch das kann man problemlos in den Griff bekommen, indem man sich einiger Tatsachen bewusst wird.

Bei Gestaltung von meinem Bild des Lebens, gehe ich mit schwarzer Farbe sehr behutsam um, weil ich es gerne bunt mag.

- Erstens: Die Angst ist nichts anderes als eine Illusion. Dieser Energieräuber kann nur so lange existieren, wie wir bereit sind, ihn mit unserer Aufmerksamkeit zu nähren. Je weniger Beachtung wir ihm schenken, umso kleiner und schwächer wird er.

- Zweitens: Das Bewusstwerden und das Beobachten bringen Licht in die Dunkelheit und somit Verständnis. Das Verständnis sorgt für Klarheit, die Klarheit für Sicherheit und die Sicherheit für Vertrauen. Dort wo es Vertrauen gibt, kann keine Angst entstehen.

Vertraue Dir selbst und stelle Dich Deinen Ängsten. Du wirst sehr schnell spüren, dass das, was Du gefürchtet hast, nur ein Luftikus war. Eine Illusion, die nur in Deinem Kopf existiert und so lange Macht über Dich hat, bis Du die Kraft in Dir findest, ihr ins Gesicht zu schauen.

Es ist ein Paradox, aber wie oft schaudern wir bei Dingen, mit denen wir noch nie in Berührung gekommen sind. Woher kommt dieser Angstzustand? Haben wir ihn aus unserem Umfeld übernommen? Bei mir, zum Beispiel, war das so und bei vielen meiner Klienten auch. Das Traurige ist, dass wir dies häufig gar nicht merken und als unser normales Befinden auffassen. Übernommene oder auch anerzogene Ängste können gravierende Folgen für unser Leben haben und für das Leben unserer Kinder ebenso.

Hier ist ein kleines Beispiel von übernommener Angst:

Eine mehrmals geschiedene Mutter betont immer wieder vor ihrer pubertierenden Tochter, dass man Männern nicht trauen soll, dass sie nichts nutzen und sowieso nur das eine im Kopf haben. Dementsprechend entwickelt das junge Mädchen ein Programm in ihrem Kopf, dass alle Männer ›A-löcher‹ sind. Wenn ihr ein anständiger Kerl begegnet, wird ihr Programm so lange seine negativen Seiten suchen, bis die junge Frau sich davon überzeugen kann, dass auch er keine Ausnahme ist. So vergehen viele Jahre, aber die Tochter bleibt weiterhin sehr unglücklich mit allen ihren Beziehungen und Erfahrungen mit Männern, die sie wiederum ihren Töchtern vorleben wird.

Ich könnte noch viele andere Beispiele aufzählen, aber ich denke, dass Du, mein lieber Leser, bereits verstanden hast, was ich damit sagen möchte.

Wenn es einen Bereich in Deinem Leben gibt, in dem Du sehr unglücklich bist, versuche dahinter zu kommen, welches Programm Du in Dir nährst und ob dieses Programm aus Deinen eigenen Erfahrungen entstanden ist. In sehr vielen Fällen sind es fremde Erfahrungen, die wir für unsere ausgeben. Wir saugen in uns auf, was wir vorgelebt bekommen, ohne zu hinterfragen, was die Situation mit uns zu tun hat. Wie es sich dann meistens herausstellt, hat die Sache mit uns gar nichts zu tun, obwohl wir sie als die eigene ausgeben. Ich persönlich finde es sehr hilfreich, dass Ängste sich bemerkbar machen, denn dank ihnen haben wir die Möglichkeit, gewisse Bereiche unseres Lebens anzuschauen und bewusst zu verändern.

Das Erkennen der Angst oder des Problems **ist der Zündschlüssel für die Aktivierung unserer inneren Stärken**. Verborgene Kräfte werden erweckt, wenn wir uns entscheiden, uns der Herausforderung zu stellen und das, was uns stört, bewusst zu verändern, denn solange wir sie ignorieren, kann und wird sich nichts verändern.

›Erkennen statt therapieren‹ lautet mein Motto.

Wenn wir verstehen, wie wir uns selbst im Weg stehen, werden wir es weiterhin tun? Natürlich nicht! Wer will schon absichtlich leiden?

Der Grund für das menschliche Plagen liegt in unserem Unbewusstsein. Dort verbergen sich zerstörerische Emotionen, die wir aus unserer Umgebung einfach **übernommen** haben, ohne selbst damit Erfahrung gemacht zu haben.

Lasse bitte nicht mehr zu, dass fremde Erfahrungen Dein Leben ruinieren.

Schiebe die Barriere des Widerstandes zur Seite, räume die Stolpersteine der Ablehnung weg und habe keine Angst mehr, jemandem nicht gerecht zu werden. Die einzige Person, um die Du Dir Gedanken machen sollst, bist Du. Denn je freier Du von all den innerlichen Baustellen, die hier beschrieben wurden, bist, umso mehr positive Veränderungen wirst Du in Deiner Umgebung erleben. Ich spreche aus eigener Erfahrung. Ich weiß, dass auch Du, mein verehrter Leser, es schaffen kannst und schaffen wirst, Dein Leben zu transformieren. Allein die Tatsache, dass Du diese Zeilen liest, sie annimmst und Dir darüber Gedanken machst, die Du vom Untergrund Deines Bewusstseins an die Oberfläche holst, setzt den Veränderungsprozess in Gang.

Kapitel 7

Kurz vor dem Ziel

Unsere gemeinsame Reise endet bald. Das Ziel ist bereits in Sicht.

Bis jetzt habe ich Dich wahrscheinlich mit wenig angenehmen Erkenntnissen konfrontiert und das mit Absicht. Denn, um das Ausmaß Deiner inneren Kraft zu verstehen, solltest Du die Kraft zu Gesicht bekommen, die dagegen wirkt. Diese destruktive Kraft hat nur dann Macht über uns und unser Leben, wenn wir weiterhin in der Unbewusstheit bleiben. Sobald uns bewusst wird, was uns klein hält und vom eigenen Glück abbringt, aktiviert sich unsere innere Sonne, die immer heller zu leuchten beginnt. Die Strahlen durchscheinen die dunkelsten Ecken unseres Inneren, damit wir die Klarheit, das Vertrauen und das eigene Potenzial deutlicher spüren können. Die Wärme berührt unsere Herzen, heilt und öffnet sie. Dort, im Inneren des Herzens, ruht und wartet das göttliche Geschenk darauf, entdeckt zu werden, der größte Schatz der Welt – die immense Kraft unserer Gedanken.

Unser Bewusstsein ist wie die Sonne, die dunkelste Ecken unseres Inneren durchscheint, damit wir die Klarheit, das Vertrauen und das eigene Potential deutlicher spüren können.

Am Anfang des Buches habe ich geschildert, wie katastrophal das Verhältnis zwischen meinem Mann und mir war. Unsere Kinder haben stark darunter gelitten und meine Lebensenergie war auf ein Minimum gesunken, sodass ich nur noch existieren konnte. Mit Leben und Genießen hatte das nichts mehr zu tun. Wie konnte es soweit kommen? Ganz einfach, ich habe mich auf die Dinge fokussiert, die ich nicht wollte und die ich verabscheute. Somit wuchs das Negative in meinem Leben und verdrängte das Positive. Die Kraft meiner Gedanken hatte ich unbewusst gegen mich selbst eingesetzt und dabei fast meine Ehe ruiniert.

Ich schreibe diese Zeilen, weil ich mir von ganzem Herzen wünsche, dass Du, mein verehrter Leser, das Ausmaß der gigantischen Stärke in Dir verstehst und die bewusste Entscheidung triffst, sie ab sofort nur zu Deinen Gunsten einzusetzen. Bedenk doch bitte: Wenn wir in der Lage sind, mit destruktiver Denkweise unser Leben zu demolieren, dann sind wir auch in der Lage, alles wiedergutzumachen.

Das persönliche Wunschbild

Stell Dir vor Du bist ein Künstler der vor einer leeren Leinwand steht und einen Pinsel in der Hand hält. Die Leinwand ist verzaubert und alles was man darauf malt wird sich im realen Leben verwirklichen. Deine Aufgabe lautet, auf diese Leinwand einen von Deinen innigsten Wünschen zu malen und zwar so präzise und detailliert, dass Du es in Deinem Leben einsetzen kannst, weil es sich dort manifestieren wird.

Ich bin ein Künstler.
Mein Leben ist eine Leinwand.
Meine Gedanken werden zum Pinsel und
Emotionen zu Farben. Ich alleine trage die volle
Verantwortung für die Darstellung!

Denke bitte einen Moment nach und nimm diese Chance, das Gewünschte zu bekommen, mit Bedacht, denn nur vollständige und konkrete Wünsche können sich verwirklichen. Sich Gesundheit zu wünschen wäre nicht konkret genug. Stattdessen sollte man sich vorstellen und fühlen wie es sich ohne Handicap oder Erkrankung lebt. Man kann sich auch den Alltag in völlig gesundem Zustand ausmalen und dabei in die Details gehen. Wenn Du weißt, was Du Dir von Herzen erfüllen möchtest und es Dir bildlich vorstellen kannst, lies weiter.

Der Pinsel stellt Deine Gedanken dar und die Farben sind Deine Emotionen. Du tauchst den Pinsel in die satte Farbe ein und trägst sie auf die Leinwand auf. Es entsteht exakt das gleiche Bild wie in Deinem Kopf. Vergiss bitte die feinen Details nicht, sonst wird Dein Wunsch nicht vollständig.

Und noch etwas: Sobald Du zweifelst, ob Dir Dein Werk gelingt, wird Dein Pinsel automatisch in dunkle Farbe eingetaucht. Je größer Dein Zweifel ist, umso dunkler wird diese Farbe. Denke immer daran, der Pinsel steht für Deinen Gedankengang und die Farben repräsentieren Deine Emotionen. Es liegt nur bei Dir alleine, ob Dir das Gewünschte gefällt oder nicht. Du bist der Schöpfer Deines Bildes, also trägst Du die volle Verantwortung für die Darstellung.

Im realen Leben ist es nicht anders. Dank der Kraft unserer Gedanken erschaffen wir die Konturen eigener Realität. Durch unsere Gefühle und Emotionen füllen wir sie mit Farben aus und bestimmen die Qualität des eigenen Daseins. Wenn Dein Leben Dir zu düster vorkommt, hängt es nicht von anderen Menschen ab, sondern von Deiner inneren Einstellung, wie z.B. mangelndes Vertrauen in Dich selbst. Es liegt nur bei Dir, ob Du Dein Leben in Schwarz-Weiß hältst, grau oder kunterbunt anstreichst.

Verantwortung für das eigene Glück

Oft bekomme ich die Bemerkung zu hören, dass es leicht ist zu sagen man soll positiv bleiben und nur bunte Farben benutzen. Manchmal sei das aber schwieriger, als man denkt. Vor allem dann, wenn einem nur negative Dinge widerfahren und z.B. körperliche Beeinträchtigungen hinzukommen.

Daraufhin frage ich meistens, wann diese Person sich das letze Mal bei ihrem Körper oder bei ihrem Leben im Allgemeinen bedankt hat.

»Für was soll ich mich bedanken, wenn es in meinem Leben nichts oder nur wenig Schönes gibt?«, werde ich dann oft gefragt.

Was ist mit Deinen funktionsfähigen Händen und Füßen, die Dir helfen den Alltag zu bestreiten? Deinen Organen, die 24 Stunden am Tag ununterbrochen Leistung bringen müssen, damit Du Dein Leben genießen kannst? Wie sieht es mit den bunten Blumen aus, die Dein Auge erfreuen können und dem Gesang der Vögel, der Dir den herrlichen Tag ankündigt? Der Sonne, die Dich wärmt und dem Dach über dem Kopf, das Dich trocken hält?

Es gibt unendlich viele Dinge, für die man dankbar sein kann und die unser Leben kunterbunt machen. Warum sehen wir sie als so selbstverständlich und fokussieren uns immer und immer wieder nur auf das, was uns nicht gefällt?

Nichts ist selbstverständlich!

Wir, und wir allein, sollen die Verantwortung für die Gestaltung unseres eigenen Daseins übernehmen. Andere Menschen kommen und gehen aus unserem Leben, wir aber bleiben. Also, warum sollten wir andere für unser Unglück verantwortlich machen, wenn wir es selbst zulassen? Zu Hause möchten wir auch keinen rücksichtslosen Gast dulden, der sich mit dreckiger Bekleidung und schmutzigen Stiefeln in unser Bett legt. Warum also sollten wir uns dann in anderen Bereichen von anderen quälen lassen und nichts dagegen unternehmen, während wir ständig jammern und uns über das Leben beschweren? Ich bin der Meinung, wenn man etwas freiwillig erträgt, dann ist die Situation nicht so schlimm wie man behauptet, oder man ist zu bequem und faul um etwas dagegen zu tun. In so einem Fall schickt uns das Schicksal eine andere Person, die die Rolle des Täters übernimmt, damit man endlich in die Gänge kommt und die Situation verändert.

Die ›Arschengel‹

Wie man dieser Kapitelüberschrift bereits entnehmen kann, möchte ich kurz einen Sprung zur Seite machen und Dich auf die sogenannten ›Arschengel‹ aufmerksam machen. Ich muss es so unverblümt formulieren, denn gewisse Tatsachen möchte ich gezielt nicht in Watte packen. Dieser herrliche Begriff wurde vom Psychologen und Lebensberater Robert Betz in einem seiner Vorträge geprägt.

Unzählige Menschen schöpfen ihre Kraft aus dem Glauben an die Engel. Trost, Liebe und Hoffnung verbinden sie mit diesen Lichtwesen. Auch unter uns Menschen gibt es etliche Engel, die sich selbstlos für das Wohlergehen anderer einsetzen. Diese Menschen geben uns Kraft und Mut, um Hindernisse zu überwinden und weiterzugehen.

Es gibt zugleich andere Engel in der Gestalt von Menschen, die nicht weniger wichtig sind in unserem Leben, wenn auch weniger angenehm. Diese Personen sorgen für unser geistiges Wachstum, sie helfen uns unsere menschlichen Grenzen auszudehnen, indem sie uns provozieren, uns quälen und manchmal in den Wahnsinn treiben.

Es ist nun mal eine Tatsache, dass viele Menschen sehr bequem sind, aber das Leben beginnt dort, wo die Bequemlichkeit endet. Darum ist das Herausreißen aus dieser Bequemlichkeit oft so schmerzhaft und mit Leiden verbunden. Vor allem dann, wenn der Betroffene sich der eigenen Entwicklung widersetzt. Wenn er sich z.B. weigert, sich zu lieben und zu respektieren, dem eigenem Selbst zu vertrauen und darin verborgene Potenziale zu erkennen.

Die Arschengel kommen dann zum Einsatz, wenn uns auf andere, mildere Art und Weise nicht mehr zu helfen ist. Wenn alte Prägungen und zerstörerische Denkweisen zu tief in uns sitzen. Sie erscheinen im Leben als unsere Partner oder unsere Kinder, als Arbeitskollege oder beste Freundin.

Personen, die uns provozieren, quälen und in den Wahnsinn treiben, sind sehr wichtig, weil sie unsere Grenzen ausdehnen und für geistiges Wachstum sorgen.

Diese Engel haben viele Gesichter, aber eins gemeinsam: sie zeigen uns, wie weit wir uns von unserem Selbst entfernt haben und dass wir so wenig Selbstvertrauen und Selbstliebe besitzen, dass wir es erlauben, so mit uns umzugehen.

Wenn ein Mann eine Frau schlägt, sie demütigt oder fremdgeht, will er ihr insgeheim sagen: »Wehre Dich! Wenn Du Dich nicht respektierst, warum soll ich das tun? Ich zeige Dir mit meinem Handeln, wie wenig Du Dich selbst liebst. Bist Du Dir denn so wenig Wert? Warum soll ich Dich dann lieben?«

Viele Menschen schaffen den Sprung und verändern ihr Leben dank dieser Engel. Sie werden stärker, resistenter, mutiger und das Wichtigste, sie lernen sich selbst zu schätzen und zu lieben.

Die anderen jedoch verfallen in ein tiefes Loch des Selbstmitleids und vegetieren bis zu ihrem Lebensende so dahin. Nur – mit echtem Leben hat dieses Dasein nichts zu tun.

Das Fazit:

Menschen, die uns Schmerzen bereiten, sind sehr wertvoll für unser Leben, denn durch ihre Reaktion auf uns können wir erkennen, wie wir zu uns selbst stehen.

Zusammenfassung

Ein glückliches Leben

Mein lieber Leser, es liegt nun in unserer Hand, ob wir uns selbst helfen wollen, denn alles, was dafür notwendig ist, befindet sich in uns. Man muss es nur erkennen und bewusst einsetzen. Ich spreche von der Kraft unserer Gedanken, die schöpferisch oder zerstörerisch sein können.

Du kannst Dich bewusst für das Leben entscheiden, das Du leben möchtest:

- Veranschauliche Dir, wie Dein Leben sein soll (Du bist der Künstler). Du kannst gerne Dein Tagebuch benutzen, um alles besser zu verinnerlichen und festzuhalten.

- Erkenne Deinen Beitrag zu dem, wie Du momentan lebst. Welche Farben verwendest Du überwiegend (Deine Emotionen und Gefühle)?

- Werde Dir bewusst, wie viel Verantwortung Du für Dein eigenes Glück in fremde Hände gelegt hast. Hol sie Dir zurück, indem Du Menschen vergibst und aufhörst ihnen Vorwürfe zu machen und etwas von ihnen zu erwarten.

- Fokussiere Dich auf die Dinge, die Du wertschätzen kannst, und sei dankbar. Somit steigt Dein Lebensenergiepegel und das Gesetz der Anziehung sorgt für mehr positive Überraschungen in Deinem Leben.

- Vertraue Dir selbst und dem Leben. Betrachte alles was Dir widerfahren ist als eine Entwicklung und lerne Deine Lektion daraus.

- Schließe mit der Vergangenheit ab, denn diese Gedanken kosten Dich viel Energie und Kraft die Du für die Gestaltung Deines Lebens brauchst. Bleib gedanklich im gegenwärtigen Moment, denn **nur hier** wird Deine Zukunft geboren.

- Achte bewusst auf die Hygiene Deiner Gedankenwelt. Lass Dich nicht mehr so leicht unterkriegen, indem Du Dich stets fragst, was Dich bestimmte Situationen angehen. Du wirst feststellen, dass Du Dich früher auf Dinge eingelassen hast, die mit Dir persönlich nichts zu tun haben und mit denen Du Deine wertvolle Energie umsonst verbraucht hast.

Um ein machtvoller Schöpfer Deiner eigenen Welt zu sein, brauchst Du viel Energie. Diese Energie steht uns von Anfang an im Übermaß zur Verfügung. Um das zu erkennen, brauchen wir nur Kinder anzusehen. Wenn ein Kind sich etwas in den Kopf gesetzt hat, wird es seinen Wunsch in vielen Fällen ohne Hindernisse erfüllt bekommen. Das liegt unter anderem daran, dass Kinder ihre ganze Energie und positive Emotionen auf das Gewünschte fokussieren. Die Konzentration der Energie ist hoch und sie kommt vom Herzen. Diese kindliche Reinheit geht uns Menschen leider viel zu schnell verloren, da wir von der Außenwelt in eine Schablone gepresst werden und uns gesagt wird, wie wir zu funktionieren haben. Je mehr man tut, nur um andere Menschen nicht zu enttäuschen, obwohl man etwas eigentlich nicht will, desto mehr beginnt man lediglich zu funktionieren und desto weniger genießt man. Somit sinkt unser Energiepegel und bleibt meistens auf dem Minimum. Um zu existieren reicht er zwar aus, aber wir verspüren immer einen Mangel, der mit dem Drang verbunden ist, sich durch die Außenwelt (Finanzen, Karriere, Beziehungen, materielle Dinge usw.) zu bestätigen. Durch diese Bestätigung puschen wir unser Ego und bleiben somit künstlich versorgt. Nur diese künstliche Versorgung hat leider einen großen Nachteil, sie verfliegt viel zu schnell. Darum fühlen wir uns immer gezwungen, den innerlichen Hunger unseres Egos stillen zu müssen, wenn ein gewisser Status und die Bestätigung von außen erhalten bleiben sollen.

Am eigenen Leib durfte ich spüren, wie kräftezehrend diese Art zu leben ist. Ich war völlig ausgebrannt und am Ende mit meinen Reserven. Dieser Zustand ist der sichere Weg zum Burnout oder zu Depressionen.

Anderen gerecht zu werden, um sich besser zu fühlen, ist auf Dauer definitiv keine Lösung. Doch die richtige Lösung ist näher, als man denkt. Sie ist in uns! Diese Quelle unerschöpflicher Energie, Stärke und unzähliger Potenziale befindet sich im tiefen Inneren und wartet, bis wir endlich daraus schöpfen. Unsere Bewusstheit ist der Schlüssel zum Tor, hinter dem die Quelle sich befindet.

Jetzt stehst Du vor diesem Tor und bist bereit, es zu öffnen, denn dieses Buch ist darauf ausgerichtet, Dir Deine Kraft bewusst zu machen. Hab Vertrauen in Dich, denn Du bist in der Lage, Dein Leben zu genießen, es nach Deinen Wünschen zu gestalten und in die für Dich richtige Spur zu lenken.

Unser Reiseziel ist hiermit erreicht und ich wünsche Dir von ganzem Herzen endlose Freude an Deinem Dasein.

In Liebe
Deine Ellen Kühne

Nachwort

»Heute bist Du eine Glückstrainerin und viele Menschen suchen Rat bei Dir. Ist Dir das nicht peinlich, wenn Du alles über Dich in Deinem Buch preisgibst?«, wurde ich eines Tages von meiner Freundin gefragt, nachdem sie das Manuskript gelesen hatte.

»Warum sollte mir mein Leben peinlich sein? Vor allem, wenn ich es geschafft habe, die Hürden, die mich von meinem Glück trennten, zu überwinden? Und sonst wäre aus mir keine Glückstrainerin geworden. Wie soll ich anderen Menschen helfen und sie beraten, wenn ich nicht weiß, wie sich Verzweiflung anfühlt?«

Und wenn ich ganz ehrlich bin, ich bin sehr dankbar für das Erlebte und für die Möglichkeit es niederzuschreiben, denn ich weiß, dass ich viele Herzen damit berühren kann, die sich selbst in meiner Geschichte wiederfinden. Und das ist mein Ziel!

An dieser Stelle bedanke ich mich von Herzen bei allen meinen Engeln in Menschengestalt, die mich zur Entstehung dieses Buches geführt und mir dabei geholfen haben.

Der Verwandlungs-Prozess hat mich Zeit gekostet,
aber nun verstehe ich, dass es die wertvollste
Zeitinvestition in meinem ganzen Leben war.

Meine persönlichen Notizen

Meine persönlichen Notizen

Meine persönlichen Notizen

Meine persönlichen Notizen

Meine persönlichen Notizen

Meine persönlichen Notizen

Meine persönlichen Notizen

Meine persönlichen Notizen

Meine persönlichen Notizen

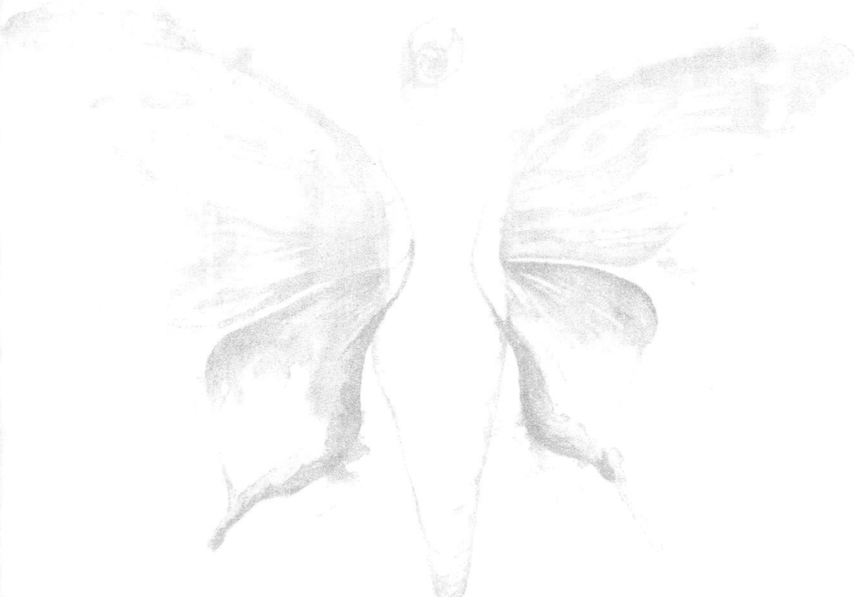

Meine persönlichen Notizen